윤여정의
2028 대입 완전 정복

윤여정의 2028

윤여정 지음

수시·정시·학종, 전국 합격 패턴으로 읽는 실전 전략서

대입 완전 정복

21세기북스

입시는 아이와 부모의 호흡이 필요하다

복잡한 입시 환경 속에서 많은 학부모들이 혼란에 빠진다. 수시와 정시, 각 대학별 모집 요강과 전형, 생기부를 어떻게 챙겨야 하는지까지 정보는 쏟아지지만 그중 우리 아이에게 필요한 정보를 골라내기는 어렵다. 대치동에 이어 전국구로 입시 컨설팅을 진행하면서 많은 학부모들이 어떤 정보를 어떻게 소화해야 하는지, 또 우리 아이에게 어떻게 적용하고 활용해야 하는지 막막해하신다는 것을 절실히 느꼈다.

요즘 입시는 부모 세대가 경험한 입시와는 완전히 다르다. 예전에는 입시가 상당히 단순해서 공부의 범위는 넓을 뿐 깊이는 얕았다. 사실상 책상 앞에 진득하게 앉아 최대한 많은 내용을 암기하면 극복할 수 있는 시험에 가까웠다. 그러나 지금의 입시는 수능 범위는 줄어든 반면 깊이가 깊고 난이도도 훨씬 올라갔다. 또 전형 구조가 복잡하고 다양하며 변수가 많기 때문에 성적만 좋으면 좋은 대학에 간다고 말하기도 어렵다. 심지어 학생부 종합 전형은 입결이 더 낮은 학교가 상향이 되는 경우도 있다.

이런 상황에서 내신 대비에 정시와 수능 최저를 준비하고, 달라진 입시 트렌드를 파악하는 것까지 아이가 혼자서 해내는 것은 사실상 불가능하다. 예전처럼 '열심히 하면 알아서 좋은 대학 가겠지'라고 막연하게 접근할 수 있는 시대가 아니다. 결국 공부는 아이 스스로 최선을 다해서 해야 하지만, 공부 외적인 측면에서 정보를 수집하고 전략을 세우는 영역은 부모의 도움이 필요하다. 부모가 입시 전형을 함께 공부하고 고민하며, 아이에게 보다 유리한 선택지를 선별하여 제시해줄 수 있다면 실질적인 경쟁력을 높이는 데 큰 힘이 될 것이다.

실제로 아이와 함께 입시 공부를 하신 부모님 중에 유독 기억이 나는 사례가 있다. 아이가 고등학교 1학년 2학기부터 공부를 제대로 시작했는데, 기초가 부족하다 보니 공부만 하기도 벅차 어머니가 서포트를 해줘야겠다고 생각하셨다고 한다.

그때부터 어머니가 직접 1년 반 이상 매경과 한경, 두 가지 경제 신문을 구독하여 매일 읽고 이슈가 되는 내용을 정리하셨다. 이때 요약한 내용을 읽는 시간도 아이에게 버겁다고 생각해서 아이가 이동할 때 차 안에서 대화 소재로 삼았다. '이번에 신문에 이런 내용이 있었는데, 엄마가 보기에 괜찮은 소재 같은데 어때?'라고 물어보고, 아이가 '엄마, 그거 괜찮은 것 같아'라고 하는 주제를 모아 스크랩해서 주제 선정이나 탐구 보고서를 작성할 때 활용하도록 준비해주었다.

컨설팅 진행 과정에서 여러 가지 팁을 드리기는 했지만 1년 반 이상 이를 꾸준히 실행하고 노력하는 것은 부모로서도 결코 수월한 일이 아니었을 것이다. 그러나 이 과정 덕분에 아이가 다루는 주제에 개성이 생겼을 뿐 아니라 시의성 있는 주제도 다양하게 다룰 수 있었다. 옛날 것, 뻔한 것이 아니라 아이가 관심이 있는 신기술이나 정책까지도 자연스럽게 탐구로 심화하고 연결해갈 수 있었던 것이다.

덕분에 생기부에서 1학년 내신 등급은 낮았지만, 2학년과 3학년은 홍대 합격이 다소 아쉬울 만큼 질적으로 훌륭했다. 만약 1, 2학년 때부터 이러한 부모의 지원이 있다면 아이가 안정적으로 방향성을 잡는 데 큰 도움이 될 것이다. 입시를 마치고 난 뒤에 어머니는 이렇게 소감을 말씀하셨다.

"아이가 매일 공부를 하듯이 나도 함께 입시를 한다고 생각하면서 뭐라도 도움을 주고 싶은 마음으로 공부를 하니 어느 순간 아이보다 입시에 대해 더 많은 정보를 알게 되었습니다. 아이가 궁금한 것이 있어 물어볼 때 엄마가 알고 있는 것들이 많으니 아이도 부모에 대한 신뢰가 더 깊어지더라고요. 그러면서 자연스럽게 부모와 자녀 사이의 대화가 많아졌고요. 아이가 저를 통해 힘을 얻고 있다고 하니 정말 고맙고 뿌듯했어요."

보통은 학부모님들이 여러 설명회를 다니면서 그때그때 들은 내용을 아이에게 던지듯이 전달하는 경우가 많다. '이 설명회에서 이런 얘기했다더라. 너도 이거 해라', '내가 엊그제 이런 설명회를 들었더니 이런 게 중요하다더라', '내가 이런 설명을 들었는데 이렇다더라.' 그런데 아이 입장에서는 어떨 때는 A가 중요하다더니 나중에는 B를 이야기하고, 도대체 어떻게 하라는 건가 싶어 오히려 혼란스러울 수 있다. 이런 식의 정보 공유는 바람직하지 않다.

설명회에서 입시 정보를 얻고자 한다면 여러 설명회에서 각각의 견해를 들어보는 것도 좋지만 그 안에 분명 공통점이 보일 것이다. 설명회의 모든 정보를 아이에게 전달하는 것이 아니라 부모의 선에서 한번 더 생각하고 정리하는 과정이 필요하다. 물론 부모 역시 입시가 처음이기 때문에 단순 전달이 최선이라고 생각할 수 있지만, 정말 아이를 위한 입시 공부가 무엇인지도 한 번쯤 고민해봐야 한다.

수많은 입시 컨설팅을 진행하면서 '이제 부모로서 아이에게 어떤 방향을 제시해줘야 할지 알 것 같다'는 말씀을 들을 때 가장 큰 보람을 느끼곤 한다. '아무도 쉽게 말해주지 않았던 핵심적인 팁을 들으니 한줄기 빛 같았다'는 후기를 남겨주신 분들도 있었다.

이 책에서는 학부모가 먼저 입시를 이해하고, 아이의 노력을 최선의 결실로 이어갈 수 있는 표지판을 제시해주기 위해 필요한 내용을 모두 눌러 담았다. 입시를 맞이하면서 앞길이 막막하다고 느껴질 수 있지만, 수많은 정보 속에서 어떤 것을 끄집어내어 입시라는 퍼즐을 맞춰가야 하는지 이해한다면 이제 불안해할 필요가 없다. 분명한 관점으로 흔들리지 않는 기준을 세우는 것만으로도 처음 맞닥뜨리는 입시에서 충분히 아이와 성공적인 완주를 할 수 있을 것이다.

PART 3.
학군지와 비학군지의 상위권 입시 전략

PART 4.
생기부 완전 정복하기

PART 5.
모의고사는 점수가 아니라 전략이다

PART 6.
입결 분석과 수시 지원 마스터 플랜

PART 1

▼

고교학점제 시대,
이걸 알면 입시가 보인다

2028학년도 입시 세대, 불안감부터 털어내자

고교학점제가 전면 적용되는 첫 세대는 2025학년도 고등학교 1학년 입학생, 즉 2028학년도 대학 입시를 치르는 학생들이다. 기존에 정해진 시간표를 따라 정해진 학년 과정을 이수했던 것과 달리 고교학점제 도입 이후로는 학생들이 학교 교육 과정 범위 내의 다양한 선택 과목 중 직접 원하는 과목을 선택해야 한다. 또한 그 과목 내에서 일정 학점 이상을 채워야 졸업할 수 있게 되었다.

제도의 변화와 함께 당연히 평가의 관점도 달라진다. 특히 학종에서는 자신의 관심사와 진로에 따라 어떤 과목을 선택했는지, 또 그 과목에서 어떤 성취를 얻고 어떤 심화 활동을 했는지가 포괄적으로 평가의 대상이 된다.

고교학점제 도입과 함께 기존의 9등급제 내신도 5등급제로 개편되었다. 5등급제 내신에 대해서는 전문가들마다 견해가 엇갈리는 면이 있다. 9등급제만큼 내신의 변별력이 크지 않다고 보기도 하고, 또는 과목 선택과 이수 내용이 함께 해석되면서 종합적인 변별력이 더 커졌다고 보기도 한다.

입시의 변화를 맞이하는 학생과 학부모 입장에서는 왜 하필 우리 때 바뀌었을까 하는 아쉬움이 있을 수 있다. 하지만 이미 정책이 결정된 이상 부정적으로 보거나 걱정한다고 해서 바뀌는 것은 없기 때문에 새로운 제도를 냉정하게 받아들이고 전략적으로 움직이는 것이 최선이다.

실제 2028학년도 입시를 맞이하는 학생과 학부모 입장에서는 고교학점제와 내신 5등급제에 대해 어떻게 바라보고 대비해야 할까?

현재의 5등급제 내신 체제는 아직 입시에 대한 결과가 나와 있지 않은 상태다. 2028년, 2029년도의 입시 결과가 나오고 나면 비로소 '5등급제 기준에서 대학별로 어느 정도 내신을 바라보는구나', 또는 '기존에 비해 학생부 종합 전형에 달라진 포인트가 있구나'와 같은 변화를 어느 정도 판단할 수 있을 것이다. 하지만 아무런 데이터가 없는 2028학년도 입시 세대로서는 상당히 막막할 수 있다.

실제로 요즘 상담을 하다 보면 5등급제에서 내신 1.0을 받지 못하면 입시를 포기해야 하는 것처럼 받아들이는 분위기를 자주 접하게 된다. 상담 내용이나 온라인 댓글을 봐도 마치 2028학년도 입시가 이미 실패로 확정된 것처럼 판단해 자퇴를 선택하는 학생들도 적지 않고, 이러한 현상이 사회적 이슈가 되어 뉴스로 다뤄지기도 했다.

최근에는 재입학을 문의하는 부모님들도 이전보다 눈에 띄게 늘었다. "현재 내신으로는 아무리 노력해도 아이가 원하는 대학에 가기 어렵다고 판단된다면, 차라리 다시 1학년부터 시작하는 것이 낫지 않겠느냐"는 고민을 하시는 것이다.

아무래도 축적된 입시 정보가 충분하지 않다 보니 판단의 기준을 잡기 어려워 불안해하는 부모님들이 많고, 학생들 역시 벌써부터 멘탈이 흔들리고 있다. 하지만 5등급제를 필요 이상으로 두렵게 느낄 필요는 없다. 정보가 부족한 것은 어쩔 수 없는 부분이지만 그동안의 경험과 노하우를 바탕으로 입시의 변화를 가늠해볼 수 있을 것이다.

다만 실제 입시 결과나 대학에서 발표한 다양한 연구 보고서, 대입 시행 계획, 수시·정시 모집 요강과 같은 객관적인 정보와 달리 '그 정보를 어떻게 해석할 것인가' 하는 문제는 견해의 영역이다. 당연히 공교육이나 대학교 입학 사정관, 사교육 전문가 등의 견해가 각기 다를 수밖에 없다. 그러나 중요한 것은 막연한 불안에 휩쓸리지 않고 나름의 기준점을 세우는 것이다.

한정된 정보 내에서 해야 할 일과 방향성을 잡고 기준에 따라 준비해나가는 것이 현재로서는 가장 중요하다. 모든 변수를 예측하려 하기보다 현 시점에서 할 수 있는 내신 준비와 학교 환경에서 통제 가능한 요소부터 차분히 채워나가면 된다. 입시는 언제나 변화해왔지만 휘둘리지 않고 준비하는 학생들은 그 안에서도 결과를 만들어냈다. 막연한 두려움과 걱정 대신 근거 있는 기준을 바탕으로 현실적인 준비를 시작하자.

기존 9등급제
내신의 이해

고1 학부모 상담에서 많이 듣는 질문 중 하나는 "건동홍숙 이내 대학을 목표로 한다면 내신은 어느 정도 필요할까요?"라는 것이다. 이에 대해 보통 '1.0은 되어야 하고, 낮아도 1.5 이내에는 있어야 한다'는 인식을 갖고 계신 분들이 많다. 5등급제에서 이러한 기준을 가늠하려면 우선 기존의 9등급제에서의 내신 레인지를 살펴봐야 한다. 특히 2028학년도 고1 학부모의 경우, 바로 직전 세대까지 내신과 수능이 9등급제로 나왔기 때문에 이 등급 기준을 어느 정도 새로 인지할 필요가 있다.

이 장에서는 인문 교과, 자연 교과, 인문 종합, 자연 종합으로 나누어 기존 9등급제 내신 기준을 살펴보고 이를 5등급제로 옮겼을 때 어느 정도까지 바라볼 수 있는지의 관점으로 접근해보자. 다만 이는 일반고를 전제로 하는데, 일반고는 내신 레인지의 고정성이 비교적 크기 때문이다. 특목고나 자사고는 학생부 종합 전형이 주 전형인 경우가 많고 학교별로 특성이 크게 다르기 때문에 큰 틀에서 일괄적인 기준으로 입결 레인지를 살펴보기는 어렵다.

○ 인문 교과 9등급제 합격 내신 분포도

우선 인문 계열의 교과 전형 등급 분포를 살펴보자. 교과 전형의 경우는 일반고의 합격 비중이 매우 높다. 보통 교과 전형 합격자의 98%가 일반고 출신이고, 서울대 지역 균형 선발 전형 역시 합격자의 99% 이상이 일반고 학생으로 구성되므로 합격 컷과 기준을 유의해 분석해볼 필요가 있다.

9등급제 합격 내신 분포도(교과)

[인문] 교과 70% 등급 분포

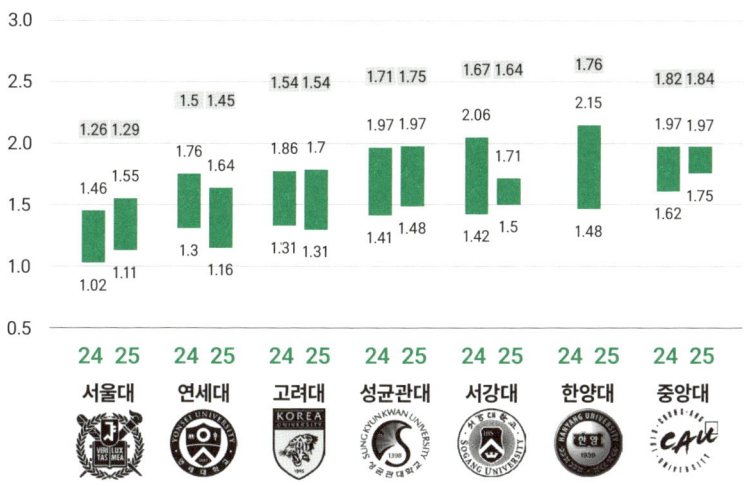

위 그림에서 막대 그래프의 시작점은 가장 입결이 높았던 과의 70% 컷, 끝점은 입결이 가장 낮았던 과의 70% 컷을 의미한다. 그리고 막대 위에 표시된 값이 해당 대학 전체 학과의 평균적인 70% 컷이다.

2024학년도와 2025학년도의 등급 분포를 살펴보면, 서울대·연세대·고려대·성균관대·중앙대의 입결 레인지는 거의 차이가 없이 비슷한 흐름을 보인다. 서강대는 수능 최저 학력 기준 3합 9라는 변수가 있었고, 2024학년도의 한양대는 수능 최저 학력 기준이 신설

되면서 차이가 생기기는 했지만 기본적으로는 대부분 대학이 비슷한 수준이다. 특히 서강대의 경우에도 70% 컷이 2024학년도에는 1.42부터 2.06으로, 2025학년도에는 1.5부터 1.71로 막대 그래프의 변화는 크게 느껴지지만 평균 값은 별반 달라지지 않았다.

현 고1이라면 매 해의 입결이 조금 높아지고 낮아진 것보다는 이 평균값이 어느 정도에 형성되어 있는지를 봐야 한다. 교과 전형은 해가 달라져도 평균값이 크게 달라지지 않고, 막대 그래프로 보이는 최고와 최저 70% 컷도 수능 체제의 변화나 새로운 학과의 신설 등의 제도 변화가 없는 한 거의 비슷하게 유지되는 패턴을 보인다.

○ 자연 교과 9등급제 합격 내신 분포도

자연 계열의 분포표를 보면 한층 더 명확하다. 잘 알려져 있듯 2025학년도는 의과 대학 정원이 2,000명 증원된 해였다. 이로 인해 입시 결과가 크게 변동될 것으로 예상했지만 실제로는 별다른 변화가 나타나지 않았다. 오히려 연세대나 고려대의 경우, 특히 연세대는 의대 증원이 있었음에도 자연 계열의 교과 전형 평균값이 오히려 높아졌다. 다른 대학들 역시 전반적으로 입결 레인지가 크게

9등급제 합격 내신 분포도(교과)

[자연] 교과 70% 등급 분포

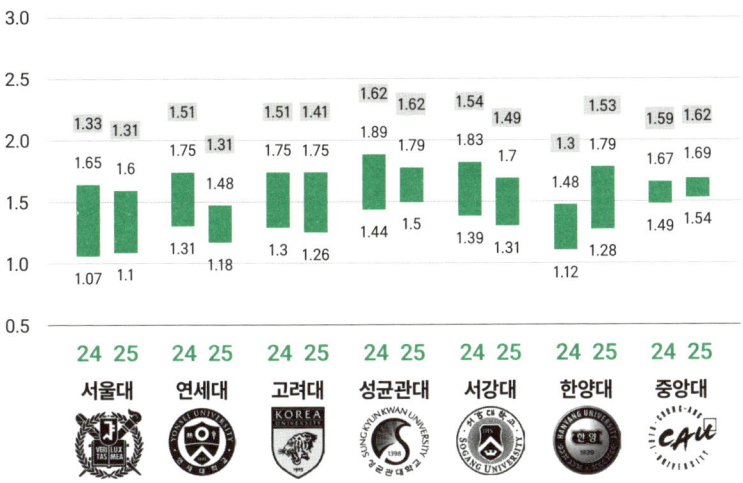

흔들렸다고 보기 어렵다.

　이처럼 교과 전형은 정량 평가의 영향이 크기 때문에 학생부 종합 전형에 비해서 분포 레인지가 급격히 달라지지 않아 예측 가능성이 높은 편이다. 고교학점제와 5등급제 도입 이후에 생기부 정성 평가가 일부 반영된다고 해도 이미 형성되어 있는 내신 분포 구조가 크게 달라지지는 않을 것이다. 실제로 고려대나 성균관대도 교과 전형에 생기부 정성 평가가 포함되어 있지만 입결에는 큰 차이가 없다.

○ 인문 일반고/자연 일반고 종합 9등급제 합격 내신 분포도

학생부 종합 전형의 경우 교과 전형과는 접근 방식이 다르다. 단순한 정량 평가가 아니기 때문에 인문과 자연 계열로만 구분하는 것이 아니라 외고·국제고·전사고·영재고·과학고 등 학교 유형별로 세분화하여 입결 레인지를 나눠야 한다. 일반고라고 해도 우수 일반고는 광역자사고와 비슷한 수준으로 해석해 또 산출이 달라질 수밖에 없다.

그런데 종합 전형의 50% 컷, 70% 컷은 모든 학교가 포함되어 나오는 결과값이기 때문에 이를 그대로 보면 왜곡이 생기게 된다. 실제로는 서연고의 일반고 합격 비율, 서성한의 일반고 합격 비율 등이 모두 다르므로 결국 각 학교별로 데이터의 보정이 필요하다.

다만 여기에서는 일반고 평균에서 약 85% 사이의 내신 레인지로 예측한 값을 기준으로 설정했다. '이 정도 내신 레인지 안에 있으면 해당 대학의 해당 전형에 일반고로 지원할 경우', 내신 때문에 떨어질 가능성은 극히 낮다는 뜻이다.

즉 학생부 종합 전형에서 내신은 필요 조건이다. 이 기준을 충족한다면 내신 자체는 충분하므로 내신이 더 높다고 해서 합격 가능성이 훨씬 높아지는 것은 아니다. 반면에 이 기준을 크게 벗어난다

9등급제 합격 내신 분포도(종합)

[인문 일반고] 평균~85%

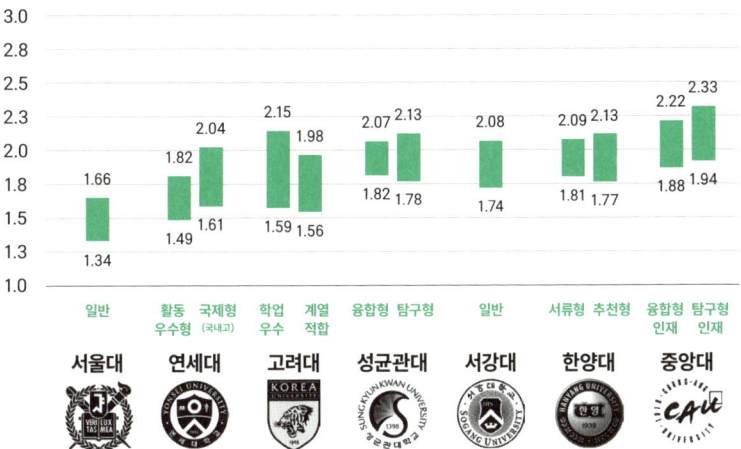

9등급제 합격 내신 분포도(종합)

[자연 일반고] 평균~85%

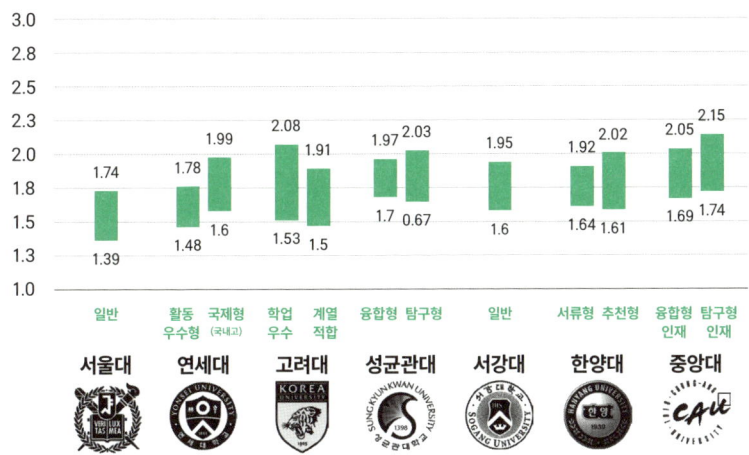

면 생기부가 아무리 좋아도 합격하기 어려운 경우가 발생한다. 그래서 학종에서는 내신이 적정 레인지 안에 들어가는 것이 기본적으로 가장 중요하며, 그중에서 1단계를 합격하거나 최종 합격하는 건 생기부의 질적인 수준과 면접, 수능 최저 등에 따라 결정된다고 보면 된다.

위 그래프는 적정한 내신의 판단 근거 자료로 매년 보정 작업을 거쳐 사용하지만, 큰 틀에서는 2027학년도 입시에도 이 정도 내신 레인지를 적용했을 때 큰 무리가 없을 것이다. 그렇다면 9등급제가 5등급제로 변경되었을 때는 교과와 종합의 합격 내신 분포에 어떤 변화가 일어날 것인지 본격적으로 들여다보자.

9등급제와 비교하는
5등급제 내신의 변별력

최근 부산광역시 교육청과 경기진학지도협의회에서 1학년 1학기 내신 성적이 발표된 이후, 5등급제 내신을 어떻게 바라보고 해석해야 하는지에 대한 분석 자료가 나왔다.

먼저 부산광역시 교육청에서 발표한 자료는 현재 고등학교 1학년에 재학 중인 부산 지역 81개 고등학교 1만 3,553명을 대상으로 산출한 것이다. 현 고1 1만 3,553명과 현 대1 94개교 1만 5,670명의 성적 분포를 두고 누적비를 비교하여 5등급제 내신 분포를 기존 9등급 체제와 어떻게 연결해서 해석할 수 있는지에 대한 기준점을 제공하고 있다.

부산광역시 교육청 발표 자료

5등급제 내신 (現 고1, 81개교, 13,553명)	누적비	9등급제 내신 (現 대1, 94개교, 15,670명)
	0.05%	1.00
1.00 (음영 부분은 향후 3학년 1학기까지의 1.00 예상치임)	0.50%	1.22
	0.75%	1.29
	1.00%	1.38
	2.07%	1.64
1.16	2.85%	1.81
1.33	5.03%	2.18
1.50	7.30%	2.48
1.66	9.97%	2.76
1.83	13.56%	3.07
2.00	18.59%	3.44
2.16	21.06%	3.61
2.33	26.45%	3.94
2.50	31.87%	4.22
2.66	36.92%	4.47
2.83	43.70%	4.76
3.00	51.18%	5.08
3.16	55.22%	5.25
3.33	62.16%	5.55
3.50	68.50%	5.83
3.66	73.48%	6.05
3.83	79.42%	6.35

4.00	85.22%	6.69
4.16	87.27%	6.84
4.33	91.06%	7.14
4.50	93.51%	7.40
4.66	95.14%	7.63
4.83	96.95%	7.97
5.00	100.00%	9.00

※ 5등급제(현 고 1 1학기) 내신과 9등급제(현 대1외 고3 1학기까지) 내신을 누적 비교한 것으로 학점(단위)수 반영 한 내신 평균

표를 살펴보면, 부산시의 고1 학생 1만 3,533명 중 1학년 1학기 성적에서 올 1등급으로 내신 1.0이 나온 학생의 비율은 2.07%다. 이 수치를 기존 9등급제 내신으로 환산하면 약 1.64에 해당된다.

보통 학부모님들이 '1등급'을 받아야 상위권 대학에 갈 수 있고 생각하면서 그 비율이 약 10% 정도, 최소한 7~8% 정도가 아닐까 하고 짐작하시는 경우가 많다. 그런데 통계에 따르면 1학년 1학기 동안 두 번의 시험을 거쳐 올 1등급이 나온 학생은 81개교 중 2.07%, 즉 281명 정도에 불과했다. 학교당 평균 3.46명 정도라는 뜻이다. 실제로 현장에서도 1학기 성적에서 내신 1.0이 나온 학생은 한두 명 정도이거나 아예 없는 학교도 있다. 내신 부담이 덜한 학교에서도 최대 7, 8명 수준이 대부분이다.

즉 모든 과목에서 1등급을 받는 학생이 한 학년에서 적으면 2명,

경기진학지도협의회 발표 자료

5등급제 등급 평균 (6과목 등급합)	누적비	누적비 기준 환산 9등급	환산 9등급 대응 2025 대입 70% cut 대학			
			교과(인문)	종합(인문)	교과(자연)	종합(자연)
1.000 (6)	1.74%	1.55	고려대 학교추천 국어국문과	서울대 지금 불어교육	한양대 교과(추천형) 기계공학부	서울대 지금 조선해양 공학
1.167 (7)	3.58%	1.84	경희대 지역균형 경영학과	연세대 활동우수형 교육학부	홍익대 학교장추천 전자전기공학부	연세대 활동우수형 화공생명공학부
1.333 (8)	6.05%	2.14	국민대 교과성적우수자 경영학부	한국외대 종합(서류형) 경영학과	숭실대 학생부우수자 전자정보공학부 (전자공학)	건국대 KU자기추천 화학공학부
1.500 (9)	8.84%	2.42	숭실대 학생부우수자 글로벌통상학과	경희대 네오르네상스 사학과	세종대 지역균형 기계공학과	경희대 네오르네상스 원자력공학과
1.667 (10)	12.01%	2.7	경기대 교과성적우수자 경영학부	국민대 프론티어전형 경영학부	한양대(에리카) 지역균형 ICT융합학부	인하대 인하미래인재 신소재공학과
1.833 (11)	15.50%	2.95	경기대 교과성적우수자 글로벌어문학부	숭실대 SSU미래인재 경제학과	가천대 학생부우수자 기계공학부	광운대 참빛인재(면접) 전기공학과
2.000 (12)	20.05%	3.21	경기대 학교장추천 무역학과	명지대 명지인재서류 자율전공학부 (인문)	경기대 교과성적 우수자 산업 경영공학과	아주대 ACE전형 프런티어 과학학부
2.167 (13)	24.89%	3.51	서울여대 교과우수자 일어일문	명지대 명지인재면접 국제통상학전공	가천대 학생부우수자 도시계획 조경학부	경기대 KGU학생부 종합 AI컴퓨터 공학부
2.333 (14)	29.91%	3.76	수원대 교과우수 아동가족복지	가천대 가천바람개비 사회복지학과	을지대 지역균형 자연계열학부	가천대 가천바람개비 화공생명배터리 공학학부
2.500 (15)	35.37%	4.01	성결대 교과성정우수자 사회복지학과	삼육대 세움인재 영어영문학과	강남대 지역균형 인공지능 융합학부	중앙대(다빈치) CAU융합형 식품공학부 (식품영양)

5등급제 등급 평균 (6과목 등급합)	누적비	누적비 기준 환산 9등급	환산 9등급 대응 2025 대입 70% cut 대학			
			교과(인문)	종합(인문)	교과(자연)	종합(자연)
2.667 (16)	41.00%	4.28	경동대(양주) 일반학생 경찰학과	을지대 EU미래인재 인문사회계열 학부	상명대(천안) 학생부교과 그린스마트 시티학과	중앙대(다빈치) CAU탐구형 식품공학부 (식품공학)
2.833 (17)	46.71%	4.52	협성대 미래역량우수자 도시행정학과	강남대 서류면접 유아교육과	한세대 학생부교과 우수자 IT학부	한국외대(글) 종합(면접) Global Business & Technology
3.000 (18)	52.85%	4.78	호서대 학생부 글로벌통상학과	강남대 서류면접 중등특수교육과	대진대 학교장추천 스마트융합 보안학과	강남대 학생부 컴퓨터 공학부
3.167 (19)	59.24%	5.05	이하	비수도권	교과 및 종합	합격 가능
3.333 (20)	65.01%	5.29				
3.500 (21)	70.20%	5.51				
3.667 (22)	75.66%	5.76				
3.833 (23)	81.05%	6.04				
4.000 (24)	85.46%	6,31				
4.167 (25)	89.09%	6.54				
4.333 (26)	91.90%	6,77				
4.500 (27)	94.00%	7.01				
4.667 (28)	95.92%	7.26				
4.833 (29)	97.27%	7,51				
5.000 (30)	100%	8.89				

많으면 7~8명의 극소수라는 것이다. 올 1등급을 받아야만 건홍동 이내의 상위권 대학에 갈 수 있다고 생각하는 것은 현재 나와 있는 지표를 봤을 때 현실적으로 성립하기 어렵다.

또 다른 자료인 경기진학지도협의회의 분석 결과는 경기도 내 57개 고등학교 총 1만 5,566명의 1학년 1학기 성적을 대상으로 조사한 것이다. 이에 따르면 모든 과목에서 1등급을 받아 내신 1.0이 나온 학생의 누적 비율이 1.75%다. 이를 9등급제 기준으로 환산하면 약 1.55등급까지가 내신 1.0이 나왔다는 뜻이다. 1만 5,566명 중 1.74%면 271명 정도로, 학교당 약 4.75명에 불과하다.

결과적으로 두 자료를 살펴보면 내신 1.0을 받는 것이 생각보다 훨씬 어렵고, 또 그 인원도 생각보다 많지 않다는 사실을 어느 정도 파악할 수 있다. 다만 두 가지 자료를 해석하는 과정에서 개인적으로 다소 동의하기 어려운 측면도 있다.

첫 번째는 누적 백분위로 수시 입결을 비교하는 방식이다. 1만 3,000명 또는 1만 5,000명의 누적 백분위로 입결을 비교하는 것은 수시 구조와는 잘 맞지 않는다. 교과 전형에서도 마찬가지다. 정시는 전체 인원의 누적 백분위를 바탕으로 산출한 등수를 바탕으로 원서를 쓸 수 있다. 하지만 수시는 학년당 인원에 따라 교과 등급 산출이 되기 때문에, 1만 명 단위의 누적 백분위로 통상적인 비교를 하면 결과값이 왜곡될 수밖에 없다.

두 번째로 5등급제를 환산 9등급제와 단순 비교하는 것은 특히 이과의 경우 더욱 위험하다. 현재 고3, 예비 고3의 9등급제에서는 이과끼리 경쟁하는 과목이 미적분과 물리·화학·생명·지구과학 I 까지 최대 다섯 과목이다. 그러니 이과끼리 경쟁을 하는 미적과 물·화·생·지 I에서 등급이 크게 갈리게 되는 것이다.

이 부분을 간과해서는 안 되는데, 고1 때는 문이과 구분을 하지 않은 상태에서 10%가 1등급을 받는다. 예를 들어 한 학년이 250명인 학교라면 25등 이내에 들어야 1등급이 된다. 이것만으로도 쉽지 않은 조건인데, 대개 상위권 학생들이 이과로 진학하는 경향이 있다. 25명 중 20명이 자연계의 물리·화학·생명·지구과학 I, II를 선택하는 이과로 지원했다고 하면 이후 과목별로 산출되는 1등급 인원은 크게 줄어든다. 이제 25명이 아니라 10명 내외, 특히 물리 같은 경우는 6~7명만 1등급이 나올 수도 있다. 그렇게 되면 내신을 받기가 정말 어려워지는 구조가 된다. 고1 때는 9등급제에서도 1.0을 받는 학생이 많은데 이 시점에서 본격적으로 나뉘는 것이다.

그런데 고교학점제 5등급제에서는 이과끼리 경쟁해야 하는 과목이 네다섯 과목이 아니라 훨씬 늘어난다. 미적분 II, 기하, 인공지능수학, 물·화·생·지, 역학과 에너지, 전자기와 빛, 화학물질의 세계, 생물의 유전 등에서 최소 네 과목만 듣는다고 해도 최소한 10과목 이상 5등급제 상대평가를 받게 되는 것이다.

즉 현재는 고1 기준으로 2.07% 또는 1.75%가 1등급을 받는다는 수치가 나오고 있지만 실제로 3학년 1학기까지 내신을 받고 나면 그중 절반 이상은 1.0을 유지하기 어려울 가능성이 높다.

결론적으로 내신 1.0을 받는 인원은 생각보다 훨씬 적을 수밖에 없는 구조이기 때문에, 1.0이 나오면 좋겠지만 그렇지 않더라도 지레 내신을 포기하면 안 된다. 상위권 대학을 목표로 하는 아이가 내신 1.0이 안 된다고 해서 입시가 다 끝난 것처럼 좌절하거나 지나치게 앞서 고민할 필요는 없다는 이야기다. 그보다는 1학년 때에 비해 2학년 때 내신이 더 떨어지지 않도록 어떻게든 끌어올릴 방법을 고민하는 것이 맞다.

전형 선택과 전략을 최종적으로 판단해야 하는 시점은 2학년 2학기 겨울방학 이후, 최소 네 학기의 내신이 쌓인 뒤다. 그때 축적된 데이터를 바탕으로 주·부전형과 전략에 대해 차분히 고민해도 늦지 않다.

○ 5등급제 내신 산출 환산의 세 가지 방법

5등급제와 9등급제를 비교하여 내신을 환산하는 방법은 세 가지 정도를 꼽을 수 있다.

2025→2028 내신 산출 환산표

2025	2028	2025	2028
1.00	1.00	3.08	2.08
1.25	1.10	3.17	2.13
1.50	1.20	3.25	2.17
1.75	1.30	3.42	2.25
2.00	1.40	3.50	2.29
2.14	1.50	3.58	2.33
2.29	1.60	3.67	2.38
2.43	1.70	3.75	2.42
2.57	1.80	3.83	2.46
2.71	1.90	3.92	2.50
2.86	2.00	4.00	2.54
3.00	2.04	4.06	2.58
단순 내신 산출 2025 내신 누적 비율 환산표			

첫 번째는 부산광역시 교육청과 경기진학지도협의회에서 제시한 것처럼 단순 환산을 하는 방법이다. 기존 9등급제와 5등급제 모두 누적 백분위가 존재하므로 동일한 누적 비율을 대비시켜서 환산하는 것이다. 다만 학생부 종합 전형에서도 이러한 방식이 그대로 적용될 수 있을지는 아직 알 수 없기 때문에 아직은 하나의 참

2028학년도 구분	절대평가		상대평가	통계정보		
	원점수	성취도 (*절대평가)	석차등급	성취도별 분포비율	과목평균	수강자수
보통교과 (*일반, 진로선택 및 융합선택 (사회과학 제외))	O	A·B·C·D·E	5등급	O	O	O
사회·과학 융합선택	O	A·B·C·D·E	-	O	O	O
전문교과	O	A·B·C·D·E	5등급	O	O	O

A고등학교) A 13%, B 15%, C 10% = 1등급 1.13
B고등학교) A 37%, B 23%, C 15% = 1등급 1.37

고 지표로 활용해야 하는 수준이다.

두 번째는 성취도별 분포 비율을 반영하여 환산하는 방법이다. 동일한 1등급이라도 A 성취도를 받은 학생의 비율을 반영하여 해석하는 것이다. 예를 들어 어떤 학교의 수학Ⅰ 과목에서 성취도 A를 받은 학생의 비율이 13%라면, 이를 1.0으로 보지 않고 1.13으로 보정하는 방식이다. 이렇게 했을 때 내신 성적이 부풀려지는 현상을 방지할 수 있고, 동일한 1.0이라도 상대적으로 내신을 받기 어려운 학교의 불리함을 배려할 수 있다.

세 번째 방법은 가장 복잡한데, 평균과 성취도별 분포 비율을 바탕으로 표준 편차까지 추정하여 환산하는 것이다. 이는 통계학적

2028학년도 구분	절대평가		상대평가	통계정보		
	원점수	성취도 (*절대평가)	석차등급	성취도별 분포비율	과목평균	수강자수
보통교과 (*일반, 진로선택 및 융합선택 (사회과학 제외))	O	A·B·C·D·E	5등급	O	O	O
사회·과학 융합선택	O	A·B·C·D·E	-	O	O	O
전문교과	O	A·B·C·D·E	5등급	O	O	O

> A 7.3 / B 30.9 / C 12.7 / D 30.9 / E 18.2
> 표준편차 12.7 추정 가능(부정확, 모델 필요)

기법에 근거하여 산출해야 하는데, 다만 이 방법이 실제로 적용되려면 대학에서 2028학년도 대입 전형 계획에 내신의 정량 평가를 이러한 방식으로 환산하여 산출하겠다고 명시해야 한다. 이러한 전형 계획은 2026년 4월 30일 이내에 발표되는 것이기 때문에 현 시점에서는 가능성 중 하나로 참고하는 정도면 충분하다.

　교과 전형이나 학생부 종합 전형에서 어떤 방식을 반영할 것인지는 아직 알 수 없다. 현 시점에서는 그나마 단순 환산하는 방법을 바탕으로 가늠해보는 것이 최선인데, 대신 학교마다 학년당 인원이 다르기 때문에 누적 백분위와 환산 내신도 달라질 수밖에 없다는 사실을 전제로 고려해야 한다.

5등급제 합격 내신의
예상 분포도

현 시점에서는 5등급제에서의 합격 내신 분포에 대해서 어느 정도 단순 환산으로 추측하여 가늠할 수밖에 없다. 이 장에서는 학년당 인원을 250명으로 가정하여, 9등급제에서의 누적 백분위와 이를 변환하여 나온 5등급제 내에서의 합격 내신 분포도를 살펴보자.

○ 인문 교과 5등급제 합격 내신 분포도

인문 교과 전형에서 그 해의 가장 높은 과, 가장 낮은 과를 지원

5등급제 합격 내신 분포도(교과)

[인문] 교과 70% 단순 변환

할 때의 70% 컷과 평균이다. 보통 최상위권 대학은 1.2에서 1.3 정도의 내신이 필요하다고 볼 수 있다.

○ 자연 교과 5등급제 합격 내신 분포도

자연 계열의 경우 평균값이 약 1.14에서 1.22 정도에서 형성되어 있다. 조금 낮은 경우까지 감안하더라도 1.3 이내에는 위치해 있어야 수능 최저 기준을 충족했을 때 지원할 수 있는 범위라고 보면 된다.

5등급제 합격 내신 분포도(교과)

[자연] 교과 70% 단순 변환

	서울대		연세대		고려대		성균관대		서강대		한양대
	24	25	24	25	24	25	24	25	24	25	24
상단	1.14	1.13	1.2	1.13	1.2	1.17	1.25	1.25	1.22	1.2	1.22
상자상단	1.26	1.24	1.3	1.2	1.3	1.3	1.36	1.32	1.34	1.28	1.32
상자하단	1.03	1.04	1.13	1.08	1.12	1.11	1.18	1.2	1.16	1.13	1.12

○ 일반 인문고 종합 5등급제 합격 내신 분포도

　학생부 종합 전형은 교과 전형처럼 단순 70% 컷으로 판단하기는 어렵지만, 9등급제 일반고 기준에서 단순 변환을 하면 대략 이 정도의 내신 수준이 요구된다고 판단할 수 있다. 예를 들어 중앙대에서 비교적 낮은 학과의 내신은 1.64 수준, 중대 탐구형 전형 기준으로 상경이나 미디어 계열은 1.38 정도의 내신이 나와줘야 한다.

　아무래도 상위권 학과일수록 조금 더 높은 내신이 필요하고 하위권 학과일수록 여유로워지는 것은 사실이다. 이 점을 고려하면

5등급제 합격 내신 분포도(종합)

[인문 일반고] 평균 ~85% 단순 변환

학생부 종합 전형에서는 내신 1.5 이내 정도에 있어야 서성한이나 중경외시 라인의 낮은 과까지 도전해볼 수 있다고 판단할 수 있다.

○ 자연 일반고 종합 5등급제 합격 내신 분포도

자연계 역시 단순 변환을 기준으로 살펴봤을 때 요구되는 내신 레인지는 거의 비슷하다. 내신이 1.5 이내에 위치해 있으면 생기부가 뒷받침했을 때 충분히 상위권 대학에 지원해볼 만하다. 다만 학종의 경우 이보다 내신이 높다고 해도 생기부 자체가 너무 단순 나열식이라면 합격하기 어렵다. 즉 내신이 반드시 1.0일 필요는 없고,

5등급제 합격 내신 분포도(종합)

[자연 일반고] 평균 ~85% 단순 변환

어느 정도 안정적인 레인지를 유지하며 가능성을 열어두면 된다. 사실상 1.0은 서울대나 메디컬 계열을 지원하고자 할 때 요구되는 수준이다.

결국 내신에 대한 기준점을 잡아두되 고등학교 2학년 때 문이과 공통인 국영수에서 내신을 유지하는 것, 이과끼리 본격적으로 경쟁하면서도 내신이 떨어지지 않고 버틸 수 있도록 노력하는 것이 현 시점에서는 가장 중요한 과제다.

고교학점제 대입
선택 과목은 어떻게 정할까

고교학점제에서 선택 과목을 고르는 기준은 대학 연구 보고서에 두 가지 기본 원칙이 명시되어 있다. 첫째는 재학 중인 고등학교의 교육 과정 안에서 선택할 것, 둘째는 본인의 진로를 고려하여 선택하라는 것이다.

우선 선택 과목은 학교마다 각 학기에 개설되는 과목이 다르다. 따라서 실제로 수강 가능한 교육 과정 안에서 판단하여 결정하면 되는데, 이때 진로를 고려하라는 것이 꼭 특정 학과를 말하는 것은 아니다. 대신 어느 정도 계열의 방향성을 고려하면 된다. 예를 들어 자연 계열이라면 물리·화학 베이스인지, 화학·생명 베이스인지, 물리·지구과학 베이스인지 등을 정한 뒤에 선택 과목을 구성하는 것이다. 자연 계열은 대학마다 계열별로 선택 권장 과목이 있기 때문에 이를 고려하고 선택해야 학생부 종합 전형을 쓸 때 문제가 되지 않는다.

반면 인문 계열의 경우는 접근 방식이 다르다. 특정 과목을 베이스로 정하기보다 수강 인원이 많고 내신 등급을 안정적으로 확보할 수 있는 과목을 선택하는 것이 좋다. 상경 계열을 준비한다고 해서 꼭 경제 과목을 들어야 하는 것은 아니다. 정치와 법, 동아시아사 등의 다양한 과목에서도 충분히 전공과 연계하여 생기부를 설득력 있게 만들 수 있다.

이와 관련하여 2025년 8월 말에서 9월 초 사이에 여러 대학에서 선택 과목에 대해 공식 입장을 발표한 내용이 있다. 구체적으로는 서울대, 고려대, 서강대, 성균관대에서 설명회를 통해 입장 발표를 했고 중앙대, 경희대, 건국대도 관련 내용을 공개했다.

그중 성균관대와 서강대는 2028학년도 고교학점제부터 권장 과목을 두지 않으며, 어떤 과목을 선택하고 학과를 지원하든 대학에서 종합적으로 판단하겠다고 밝혔다. 선택 과목 자체보다는 선택의 맥락이나 연계성을 포함하여 전반적인 흐름을 보겠다는 것이다.

반면 서울대와 건대는 최소 수준을 제시했다. 예를 들어 물리학, 화학, 생명과학, 지구과학이 필요한 계열을 나눠서 한 과목씩은 반드시 이수하도록 했고, 공학 계열은 기아와 미적분II를 필수로 이수해야 하며, 의대는 생명과학 두 과목을 포함하여 진로 교과 세 과목을 이수해야 한다. 건국대 역시 미적분II, 기하, 물리 이수를 최소 기준으로 제시했는데, 말 그대로 '최소' 기준이기 때문에 이 기준만 맞추면 충분하다는 의미는 아니다.

가장 디테일한 기준을 제시한 대학은 경희대다. 경희대 기준까지 충족할 수 있다면 가장 이상적이겠지만 모든 학교의 교육 과정과 맞지는 않을 수 있다.

그래서 가장 평균 수준의 현실적인 기준은 고려대와 중앙대 수준으로 보인다. 홈페이지에 들어가면 구체적인 내용이 나와 있으니 이과라면 최소한 이 수준의 선택 과목을 맞추고, 만약 여력이 있다면 경희대 기준까지 고려해도 좋다. 하지만 수강 인원이 적고 내신을 맞추기 어려운 상황에서 무리하기보다는 고려대, 중앙대, 경희대의 권장 과목을 참고하여 합리적으로 선택 과목을 구성하면 된다.

물론 교과 전형을 주전형으로 생각한다면 선택 과목의 자유도는 더 높아지겠지만, 여기에서 말하는 선택 과목은 학생부 종합 전형을 기준으로 두는 것이다. 요즘 내신 확보하기가 쉽다는 이유로 공학 계열을 지망하면서 사회 과목을 여러 개 선택하는 학생들이 있는데, 자율 전공이 아닌 공학 계열에서는 좋은 선택지가 아니다.

지금까지 대학에서 발표한 권장 과목은 추후에도 크게 바뀔 가능성이 높지 않다. 추가적인 발표가 나올 수 있지만 아직 나오지 않은 대학의 발표를 기다리기보다는 이미 나온 기준을 바탕으로 선택 과목에 대한 기준을 세우는 것이 바람직하다.

PART 2

▼
▼

내 아이에게
맞는 학교는 어디인가?

입시의 시작,
고등학교 선택의 첫 걸음

입시는 이미 고등학교를 선택하는 순간부터 본격적으로 시작되는 것이나 다름없기 때문에, 많은 학부모가 '내 아이에게 가장 잘 맞는 고등학교가 어디일까'에 대해 깊은 고민을 하게 된다.

고등학교는 크게 특목고(과학고, 외고, 국제고), 자사고(전국 단위/광역 단위), 일반고로 나눌 수 있다. 중요한 것은 어떤 고등학교를 가든 거기서부터 다시 시작이라는 점이다. 단순히 학교 유형의 유불리를 논하기보다는 내 아이의 특성과 잠재력을 가장 잘 키워줄 수 있는 곳을 찾는 데 초점을 맞춰야 한다. 따라서 중학교 성적이나 학교의 명성만으로 결정할 것이 아니라, 학생의 성향, 학습 스타일, 희망

고등학교 유형별 특징과 대입 유불리

유형	대입 유불리	유의사항
특목고 자사고	심화 프로그램 우수한 면학 분위기 학종 대비 유리 (진로역량) 정시(수능) 대비 유리	내신 경쟁 극심(2.5~3등급 감수 필요) 고교 선행 필수 수학 실력의 우수성 요구
일반고	내신 따기 쉬움(상대적) 학생부교과전형 및 지역인재 상위권 추천 전형 및 종합전형 일부 지원 상위권 내신 획득 시 세특/창체 활동 지원 독식 가능	면학 분위기 부족 가능성 개인적 수능 준비 필요 심화 활동 및 프로그램 부족 가능성
과학 중점고	물화생지 탐구 활동을 통한 학종 대비 유리	내신 확보 어려움(일반반과 석차 등급 경쟁) 선행이 부족할 경우 내신/학종 모두 불리 해질 수 있음

진로, 그리고 학교별 입시 전략을 종합적으로 고려해야 한다.

고등학교 유형별로 대학 입시에서 유리하게 작용하는 부분과 불리하게 작용하는 부분이 명확하게 존재한다. 어느 학교가 절대적으로 좋거나 나쁘다고 단언하기는 어렵고, 아이의 특성에 따라 그 장점이 극대화되거나 단점이 부각될 뿐이다. 따라서 고등학교 선택은 '어떤 학교가 좋은가'가 아니라 '내 아이에게 어떤 학교가 유리한가'를 찾는 과정이어야 한다.

○ 아이의 성향부터 고려하자

어떤 학교를 선택할지 결정하는 선제적인 기준은 바로 학생 본인의 성향이다. 학업 성적이 우수하더라도 극심한 경쟁 환경 자체를 심리적으로 힘들어하는 학생이라면, 내신이 잘 유지되고 있음에도 학교생활에 어려움을 느껴 결국 자퇴를 선택하는 경우도 발생할 수 있다. 따라서 내 아이가 치열한 성적 경쟁을 이겨낼 수 있는 강한 멘탈과 자기 주도성을 가졌는지 객관적으로 파악하는 것이 우선되어야 한다. 중학교 때 성적이 우수했더라도 매우 치열한 경쟁 환경과 성적으로 서로를 평가하는 분위기를 심리적으로 힘들어하는 학생이라면, 특목고나 자사고 진학이 오히려 어려움을 초래할 수 있다.

특목고나 자사고를 고민할 때는 선행 학습의 영향이 클 수밖에 없지만, 단순히 선행을 나간 횟수보다는 아이가 그 내용을 충분히 내면화하고 구조화했는지를 확인하는 것이 더 중요하다. 대수, 미적분Ⅰ, 미적분Ⅱ, 기하 등 심화 과목까지 나갔다고 하더라도, 실제 모의고사에서 수능형 문제를 풀 수 있는 정도가 아니라면 전사고에서 내신 2.5~3등급을 받을 수도 있다는 점을 감수할 마음가짐이 필요하다.

아이의 성향 및 적합성

선택 기준	특목고/자사고 적합 학생	일반고 적합 학생
열정 및 도전	열정이 넘치고 도전적인 성향 공부 외 활동(홍보, 프로젝트 등)에서 에너지를 얻는 학생 (성적 하락 충격을 받지 않을지 반드시 확인 필요)	성적이 떨어질 때 심한 타격을 받는 학생 성향적으로 실수 없이 계획대로 움직이는 것을 선호하는 학생
학습 스타일	자율적인 커리큘럼 내에서 스스로 무언가를 찾아 할 때 잘하는 학생 동아리, 자율 활동, 심화 학습 등 다양한 활동에 능동적인 학생	계획을 세워주면 잘 따라 하는 학생 목표 지향적 성향이 강하지 않은 학생
에너지 레벨	외향적인 성향 그룹 활동, 팀 프로젝트, 발표 등 사람들과 모여서 활동할 때 에너지를 얻는 학생	내향적인 성향 혼자 있는 시간을 즐기며 책 읽기나 공부에 집중하는 것이 편한 학생
내신 성향	친구들과 활동을 더 열심히 하고 탐구 활동을 통해 역량을 발휘하는 학생	내신 시험에 강한 학생 (특목/자사고는 내신 점수 분할로 1.0대 등급이 잘 나오지 않음)

　또한 아이의 학습적 강점이 무엇인지도 분석해야 한다. 예를 들어, 수학 성적이 다소 평범하더라도 언어 영역이나 사회 교과목에 탁월한 성향을 보이는 학생이라면, 일반고나 자사고보다는 외국어고나 국제고 진학이 오히려 더 유리한 결과를 가져올 수도 있다.

○ 일반고 vs 특목고 유불리 분석

　일반고는 상위권 대학의 학교장 추천 전형이나 학생부 교과 전형 등을 고려할 때 대단히 유리하다. 가장 큰 장점은 상대적으로 내신 성적을 확보하기 쉽다는 점이다. 최근 입시 변화 추세에서 내신이 우수하면 추천 전형은 물론, 수능 최저 학력 기준(최저)을 맞추면 의약학 계열의 교과 전형까지 모두 고려할 수 있게 되면서 일반고의 선호도가 높아지고 있다.

반면에 단점으로는, 학교 분위기가 내신 성적 외에 수능까지 깊이 있게 준비하는 면학 분위기를 조성하지 못할 수 있다는 점이 있다. 또한 학생의 역량이 아무리 뛰어나도 학교 프로그램 자체 내에서 그 역량을 아주 깊이 있게 보여줄 수 있는 심화 과정이나 프로그램이 부족할 수 있다는 한계도 있다.

특목고나 자사고는 입시 준비 절차가 대학 입시와 유사하게 서류와 면접을 통해 진행된다. 이러한 학교들의 장점은 다양하고 심화된 프로그램이 마련되어 있어 학생의 역량을 깊이 있게 탐구하고 보여주기 좋다는 것이다. 모든 특목자사가 그렇지는 않지만 수능을 준비하는 면학 분위기가 매우 잘 조성되어 있다는 점도 장점이다. 그러나 학교마다 학종 중심이냐, 학종과 수능 중심이냐가 다르므로 학교별 특징을 알고 지원하는 것이 중요하다. 특히 수능 최저가 없는 최상위권 학생부 종합 전형에서는 내신이 약간 불리하더라도 학교 프로그램의 질이 좋아 좋은 결과를 내는 경우가 있다.

하지만 가장 극명한 단점은 내신 경쟁이 매우 치열하다는 점이다. 중학교 때 우수했던 학생들도 고등학교에 진학하면 내신 등급이 2.5~3등급까지 나오는 경우가 허다한데, 이처럼 낮은 내신 등급으로는 수시 학종으로 학생이 원하는 상위권 대학에 진학하기가 어려워진다.

자사고 등 상위권 학교에서 일반고로 전학을 고민하는 경우, 성적 변화에 따라 대입 유불리가 명확히 갈린다. 전학 자체가 무조건

일반고 vs 특목고 진학의 입시 전략

구분	일반고	특목고/자사고
핵심 전략	내신 성적 우위 기반 수시 전형 (교과, 지역 균형)	심화 생기부 우위 기반 학종 및 정시 전형 (수능)
유리	1. 상대적으로 경쟁 강도가 낮아 상위 내신 확보가 유리 2. 내신 성적만으로 지원하는 학생부 교과 전형과 학교장 추천 전형에 절대적으로 유리 3. 특목고 대비 교육 과정이 덜 특화되어 있어, 고교 진학 후 진로 변경이 비교적 유연	1. 학생부 종합 전형(학종) 경쟁력 2. 수능 고득점을 목표로 하는 면학 분위기가 형성되어 있어 정시(수능) 준비에 매우 유리 3. 대학에서 요구하는 미적분, 물리 심화 선택 과목을 자유롭게 이수할 수 있음
불리	1. 학교 프로그램이 상대적으로 덜 심화되어, 최상위권 대학의 학종에서 요구하는 깊이 있는 탐구 역량을 보여주기 어려움 2. 일부 학교에서는 정시를 위한 체계적인 학습 분위기가 부족할 수 있음 3. 학생 수나 여건에 따라 심화 선택 과목 개설이 부족하거나, 개설되어도 내신을 따기 어려워 기피될 수 있음	1. 중학교 최상위권 인재들이 모여 내신 경쟁에서 밀릴 경우, 학생부 교과 전형 지원이 사실상 불가능해짐 2. 내신 관리 실패 시 수시 안정 지원이 어려워져, 정시(수능)의 성공 여부가 대입을 결정하는 부담이 커짐

불리한 것은 아니나, 전학 후 이전 성적보다 훨씬 높은 등급이 나와야 입학 사정관에게 '학업 역량은 있으나 학교가 맞지 않았다'고 인정받을 수 있다. 전학 후에도 성적이 적당히 오른 수준이라면, 학종에서는 학업 역량을 충분히 보여주지 못한 케이스로 오히려 불리하게 작용한다.

고교 유형별 최종 선택 Q&A

Q. 일반고는 입결과 무관하게 학생 수가 많은 곳이 유리한가요?

A. 입결은 전형별로 달라지므로 단순 비교하기는 어렵다. 하지만 내신은 학생 수가 250명~300명 이상은 되어야 실수를 하더라도 등급 하락 위험이 적어 유리하다.

Q. 남학생은 남녀공학을 가면 내신 따기에 불리한가요?

A. 내신에 필요한 꼼꼼함과 실수 없는 학습 태도 면에서 여학생들이 내신을 독식하는 경향이 있어 남학생에게 불리할 수도 있다. 그래서 일반적으로 남학생은 남고, 여학생은 남녀공학을 선호한다.

Q. 여고 가는 것은 신중해야 할까요?

A. 여고가 내신 따기 가장 어려운 학교인 것은 확실하므로, 여학생이 여고를 갈 때는 깊은 고민이 필요하다.

Q. 일반고와 과학 중점고 중 어디가 대입에 유리한가요?

A. 단순히 두 학교를 비교하여 어느 곳이 더 유리하다고 말하기는 어렵다. 전형의 포인트가 다르기 때문이다. 일반고는 교과 전형과 학생부 종합 전형을, 과중은 학생부 종합 전형을 위주로 가야 하는 구조다.

Q. 의대 목표 시, 비학군지 일반고보다 전국형 자사고가 나을까요?

A. 그렇지 않다. 의대를 가장 쉽게 가는 방법은 내신 따기 쉬운 일반고에서 최저를 맞추고 교과 전형으로 가는 것이다. 많은 선행이 되어 있지 않다면 내신이 쉬운 일반고가 유리하다. 의대를 학종, 정시로 합격하는 것은 매우 어렵다. 의대가 목표라면 최상위 내신을 확보할 수 있는 것을 가장 중요한 기준으로 두어야 한다.

Q. 성적은 되지만 관심 없는 특목고를 대학 잘 보낸다는 이유로 가도 될까요?

A. 절대적으로 추천하지 않는다. 중학교 전교 5등 이내 아이도 특목고에서 3등급까지 떨어질 수 있다. 몇 등급까지 감수할 수 있는지와 고교 선행이 어느 정도 되었는지를 고려하지 않고 성적 때문에 가는 것은 위험한 선택이다.

Q. 내신과 수능 모두 고려하려면 일반고보다 자사고를 선택해야 할까요?

A. 내신을 챙기기에는 일반고가 유리하고, 수능을 고려한다면 자사고가 적합하다. 내신과 수능 중 반드시 하나의 우선순위(방점)를 정하고 선택해야 한다. 다만 전사고, 광자고의 경우 학교에 따라 수능을 고려할 수 있는 정도가 다르다. 만약 자사고를 희망한다면 고려 중인 자사고의 학종, 수능의 비율을 파악할 필요가 있다.

입시 대비의 우선순위는 내신부터

고등학교 선택이 중요한 이유는 명확하다. 대학 입시의 핵심인 학생부 기록(내신, 비교과)과 수능 준비에 필요한 환경을 3년 동안 제공하기 때문이다. 고등학교의 특성(일반고, 자사고, 특목고 등)과 교육 과정은 학생부 종합 전형, 학생부 교과 전형, 정시 등 주요 전형을 설정하는 데 절대적인 영향을 미친다. 또 고등학교에서 만나는 친구들, 선생님들, 그리고 학교의 분위기는 아이의 학습 태도와 동기 부여에 깊은 영향을 준다.

고등학교를 선택할 때 학부모님들이 가장 많이 고민하는 두 가지 기준은 '내신 따기 좋은 학교를 선택할 것인가, 공부 환경이 좋은 학교를 선택할 것인가'다. 학교마다 운영 방식이나 학습 분위기 등 특성이 다양하지만 가장 중요한 건 우리 아이의 성향과 목표에 따라 최적의 선택을 해야 한다는 것이다.

만약 아이가 주변에 잘 휘둘리는 타입이라면 면학 분위기가 좋은 학교를 가는 것이 유리할 수 있다. 좋은 면학 분위기 속에서 함께 공부하는 습관을 기르고, 학교의 우수한 교육 인프라를 활용하여 학습 역량을 높이는 것이다. 내신 등급은 다소 낮더라도, 학종에서 '이 학교에서 이 정도 성취'는 높은 평가를 받을 수 있다.

반면에 아이가 마이웨이가 가능한 타입이라면 무엇보다 '내신'을 우선순위에 두고 고등학교를 선택하기를 추천한다. 주변 환경에 크게 개의치 않고 스스로 학습 계획을 세우고 실천할 수 있다면, 내신 경쟁이 덜 치열한 학교에서 군계일학의 면모를 보여주며 높은 내신 성적을 확보할 수 있을 것이다.

무엇보다 고등학교 3년 동안 입시를 대비하면서 가장 기본적으로 고려해야 하는 전략은 정시가 아니라 수시다. 재학생이라면 무조건 수시를 먼저 우선순위에 두고, 수시로 원하는 결과를 얻기 어려울 때 다음 선택지로 정시를 고려한다고 생각해야 한다. 즉 고등학교를 선택할 때는 명문고인지, 입결이 좋은지가 중요한 것이 아니라 '우리 아이가 이 학교에서 내신을 확보할 수 있는가'를 가장 중요한 기준으로 두어야 한다.

이는 9등급제에서든 5등급제에서든 마찬가지다. 2024학년도 이후 5등급제 도입이라는 변수와 일부 전형 설계의 변화는 있었지만 생기부를 평가하는 포인트는 큰 차이가 없다. 그러니 중학교 때의 내신으로 예측해보는 고등학교의 내신, 선행의 양과 질, 평소 공부하는 패턴과 성실성 등을 바탕으로 내신을 확보할 수 있다고 생각하는 학교를 선택하면 된다.

내신 확보를 위해서는 아무래도 학교의 규모와 학년당 적정 인원이 있는지도 고려할 수밖에 없다. 내신 경쟁 구조는 인원 규모의 영향도 받기 때문이다. 학년당 인원이 지나치게 적은 학교보다는, 일정 규모를 갖춘 학교가 경쟁 구조 면에서 더 안정적인 경우가 많다.

특히 아이가 이과로 진학할 경우, 1학년까지는 비교적 내신 확보가 쉬울 수 있지만 2학년 이후에는 이과 학생들끼리 경쟁해야 하는 과목 수가 늘어난다. 예를 들어 문이과를 합산했을 때 1학년 인원이 200명 정도라면, 2학년부터는 그중 이과 인원인 100명끼리 경쟁하여 상위 10% 이내에 들어야 하는 구조가 된다. 당연히 내신 유지가 더 어려워질 수밖에 없기 때문에 기본적으로 학년당 인원이 어느 정도 갖춰져야 조금이나마 내신 확보가 수월하다고 보는 것이다.

일반적으로 남고보다 남녀 공학에서 내신을 얻기가 더 어렵다고 말하는 이유도 마찬가지다. 대개 여학생들 중 암기력이나 성실성이 강한 성향이 많다 보니 실제로 여고에서의 경쟁이 가장 치열하다. 특히 국어, 영어에서는 남학생들이 여학생과의 경쟁에서 밀리는 경우가 많기 때문에 꼼꼼하고 꾸준한 성격이 아니라면 남녀 공학보다 남고에서의 경쟁이 비교적 나을 수 있다.

결론적으로 고등학교 선택은 내신에 가장 중점을 두고 생각하되, 학교에서의 경쟁 방식이나 아이의 성향을 종합적으로 고려하여 결정하는 것이 좋다.

○ 고등학교 2학년 1학기 성적이 나오기 전까지 해야 할 일

고등학교에 입학하고 나서도 1학년 때까지는 아직 치밀한 생기부 전략이나 주·부전형을 고민할 때가 아니다. 메이저 의대 진학을 목표로 하는 게 아니라면 1학년까지는 진로가 또렷하게 드러나지 않아도 된다. 물론 수행평가나 자율, 동아리 등의 활동에서 진로 연계를 하는 것도 좋지만 지금 관심 있는 분야를 중심으로 주어진 프로그램을 성실하게 임하는 걸로도 충분하다.

1학년 때는 생기부를 채우는 것보다 더 중요한 것이 내신을 챙기는 일이다. '내가 우리 학교에서 내신 몇 퍼센트에 위치해 있는지', '모의고사 전국 단위에서 내가 어느 수준인지'를 확인하면서 좀 더 내신을 높일 수 있는 방향을 집중적으로 고민해야 한다. 예를 들어 '어려운 문제도 맞추긴 하는데 실수가 잦다', '기본적인 문제는 잘 푸는데 난이도가 올라가면 시간이 부족하다'와 같은 약점을 파악하면서 이를 어떻게 보완하고 극복해나갈지 점검하는 것이다.

2학년이 되면 경쟁 구조 자체가 달라진다. 1학년 때 내신 1.0을 받았다고 해도 그 성적을 그대로 유지하기는 매우 어렵다. 그래서 1학년 1학기 겨울방학은 2학년 1학기 내신을 준비하는 매우 중요한 시기라고 할 수 있다.

실제로 2학년이 되면 물리·화학·생명과학까지는 버텼지만 '화학물질의 세계'나 '역학과 에너지' 같은 과목에서 성적이 떨어지기도 하고, 3학년 1학기에는 미적분Ⅱ에서 성적이 급격히 하락하는 경우도 적지 않다. 이에 따라 2학년 2학기나 3학년 2학기 때 목표한 학과를 더 낮춰야 하는 상황도 생긴다.

따라서 2학년 1학기 성적이 나올 때까지는 내신에 최대한 집중하고, 그 결과를 확인한 뒤에 비로소 입시 전략을 고민하면 된다. 교과 전형과 종합 전형을 어떻게 나누어 지원할 것인지, 수능 최저를 고려하여 언제부터 수능 비중을 조절할지 등 본격적으로 전략을 세우는 것은 2학년 1학기 성적이 나온 시점부터다.

처음부터 모든 경우의 수를 다 생각하기보다는 이처럼 내신을 최대한 올리면서 단계적으로 유리한 방법을 찾아나가는 것이 입시의 기본 원칙이라고 생각하자. 무작정 조급해하기보다 성적을 쌓아나가면서 전략을 세워간다면 입시가 그렇게 막막하고 막연하지 않다는 걸 느낄 것이다. 지금 이 시기에 해야 하는 일부터 해나가면 된다.

고등학교 선택 후
주전형 설정의 시작

고등학교를 결정한 뒤에는 최대한 내신 관리를 하면서 이제 학교의 장점을 극대화할 수 있는 주전형을 설정하는 단계다.

내신 관리에 유리한 학교를 선택했을 경우, 내신 경쟁이 비교적 덜 치열하여 높은 등급 확보가 용이하므로 주전형은 학생부 교과, 부전형은 학생부 종합 전형을 중심으로 설정하는 것이 유리하다. 가장 중요한 것은 압도적인 내신 성적을 확보하는 것이다. 교과 성적 관리에 모든 역량을 집중하여, 비교과 활동은 최소화하고 남는 시간을 활용하여 수능 최저 학력 기준 충족을 위한 수능 공부에 집중한다. 이 전략은 내신이 곧 합격의 당락을 결정하는 교과 전형의 문을 가장 확실하게 열어준다.

면학 분위기가 우수한 학교를 선택했을 경우, 학업 수준이 높아 면학 분위기가 잘 형성되어 있지만 내신 경쟁이 치열하다. 이때 주요 전형은 학생부 종합 전형(학종)과 정시를 병행하는 투트랙 전략을 고려해야 한다. 내신 성적 관리가 어려운 만큼, 단순히 등급을 넘어선 학업 역량과 진로 탐색 과정을 학생부에 깊이 있게 기록하는 것이 중요해진다. 학교에서 제공하는 다양한 교육 인프라와 활동(심화 동아리, R&E, 토론, 발표 등)에 적극적으로 참여하여, 진로와 연관된 탐구 활동을 심화해야 한다. 내신 등급은 낮더라도, 학교 수준 대비 학생의 뛰어난 성취도와 발전 가능성을 입체적으로 보여주어 학종에서 유리한 평가를 받는 것을 목표로 삼는다. 또한 내신 리스크를 보완하기 위해 정시(수능) 대비도 소홀히 하지 않아야 한다.

정시 올인을 염두에 두는 경우도 있는데, 특정 학교 중에는 내신 성적에 대한 부담을 줄이고 수능식 수업과 평가를 진행하여 정시 대비에 유리한 환경을 제공하는 곳도 있다. 하지만 주요 목표 전형이 정시 수능 위주라고 해도 고교학점제 시대의 정시는 생기부 정량 평가 또는 정성 평가가 이전보다 증가하므로, 예전과 같은 방식으로 내신을 버리고 수능만 올인하는 것은 위험하다. 또한 수시라

학교 유형별 주요 전형 설정 전략

학교 유형	목표 전형	3년 학습 전략
내신 따기 좋은 학교	학생부 교과 전형	압도적인 내신 성적 확보 (1~2등급 목표). 교과 성적과 교과 활동 외 활동은 최소화하고 수능/논술 대비에 집중.
공부 환경 좋은 학교	학생부 종합 전형 (정시 병행)	내신과 함께 진로 관련 탐구 활동 심화. 토론, 발표, 실험 등 적극적인 교내 활동 참여로 '학업 역량'과 '진로 역량'을 학생부에 입체적으로 기록.
정시 올인 학교	정시 수능 위주	내신 성적에 대한 부담을 줄이고, 학교의 수능식 수업 및 평가를 활용하여 수능 고득점을 목표. (단, 수시 기회를 놓칠 위험이 있어 신중해야 함.)

는 중요한 기회를 포기할 위험이 크므로, 학생이 확고한 자기 주도 학습 능력과 수능에 대한 강한 자신감을 가졌을 때 신중하게 선택해야 하는 전략이다.

최근 대입 제도 변화로 고등학교에서 어떤 과목을 개설하고 운영하는지가 매우 중요해졌다. 목표하는 학과(의대, 공대, 인문 계열 등)에 필요한 진로 선택 과목이나 융합 선택 과목이 학교에 개설되어 있는지도 반드시 확인해야 한다.

○ 3년의 기초를 다지는 법 : 선택 후 집중

고등학교 선택을 마쳤다면 이제 뒤를 돌아보지 않아야 한다. 결정 이후의 3년은 선택 후 집중의 시간이다. 학교의 장점을 100% 활용하기 위해 선택한 학교의 교육 과정과 활동 프로그램(동아리, R&E 등)을 면밀히 분석하고, 이를 설정한 주전형에 맞게 최대한 적극적으로 활용해야 한다.

공부 습관 다지기도 필요하다. 어떤 학교든 결국 자기 주도 학습 능력이 성패를 가른다. 학교 분위기에 휩쓸리지 않고 스스로 공부 시간을 확보하고 계획을 세우는 습관을 들여야 한다. 고등학교 선택은 단순히 어느 건물에 다니는지를 정하는 일이 아니다. 우리 아이의 성향을 이해하고, 목표 전형을 설정하여, 3년의 학습 플랜을 설계하는 입시의 첫 단추다. 흔들리지 않는 신념으로 아이와 함께 최적의 출발선을 결정하시기를 바란다.

자사고와 일반고
내신 등급의 현실적 비교

"내신 따기 어렵다고 해도, 자사고의 분위기를 타는 것이 우리 아이에게 낫지 않을까요? 일반고에서 내신을 잘 받아서 교과 전형을 노리는 것이 가장 안전한 길 아닌가요?" 이러한 질문에 답하기 위해서는 막연한 불안 대신 구체적인 내신 등급의 가치와 입시 전형의 유불리를 따져보아야 한다.

○ 내신 등급의 민낯 : 자사고 2등급 vs 일반고 1등급

고등학교 선택 시 학부모님들이 가장 먼저 확인해야 할 지표는 바로 내 아이의 현재 위치와 학교별 내신 등급의 상대적 가치이다. 일반적으로 입시에서 내신 등급은 숫자가 낮을수록 유리하다. 하지만 고교 유형에 따라 이 숫자의 무게는 완전히 달라진다. 특히 상위권 대학의 입시에서 자사고와 일반고의 내신은 현실적인 차이가 있다.

일반고에서 1등급(1.0~1.4 내외)을 확보했다면, 학생부 교과 전형을 주력으로 삼을 수 있는 강력한 무기가 된다. 학생부 교과 전형이란 지역 균형, 학교장 추천 등이다. 이를 위해서는 내신 1.4 이내를 유지하며, 지원 대학이 요구하는 수능 최저 학력 기준을 충족해야 한다. 의약학 계열을 목표로 할 경우에도 가장 안전하고 확률 높은 길이다. 일반고의 내신 경쟁은 자사고에 비해 상대적으로 수월할 수 있으나, 압도적인 1등급을 위해서는 쉬운 문제에서 실수하지 않는 완벽함과 더불어, 모의고사를 별도로 관리하여 최저 기준을 충족시키는 노력이 필요하다.

자사고에서 내신 1등급 후반에서 2등급 초반(5등급제 기준)을 유지한다면, 이는 일반고의 1등급과는 궤를 달리하는 매우 복합적인 지표가 된다. 2028 대입부터 내신이 5등급제로 개편됨에 따라 상위권 변별력이 약화될 것이라는 우려가 있지만, 역설적으로 자사고 학생들에게는 '매우 우수한 학생부 기록(전공 적합성)'을 무기로 학생부 종합 전형(학종)에서 승부를 볼 수 있는 기회가 된다.

단, 자사고 내신은 수능 기출 변형 등 난도가 매우 높아 철저한 선행 학습 없이는 개념서만으로 1~2등급 내에 진입하기가 극히 어렵다. 특히 최상위 의약학 계열을 목표로 한다면 다음의 현실을 직시해야 한다.

5등급제 체제에서도 자사고 내신 1등급 중반대로는 주요 의대 학종 합격을 장담하기 어렵다. 내신의 영향력이 정성 평가로 전이되면서 학교 생활 기록부의 깊이가 당락을 결정짓게 된다. 따라서 자사고 진학은 내신 경쟁의 리스크를 감수하고 '심화 생기부'를 통한 학종을 노리거나, 처음부터 정시(수능)를 주력으로 삼겠다는 전략적 선택에 가깝다. 특히 의약학 계열 목표 시 자사고에서의 내신 하락은 필연적으로 강력한 정시 대비를 강요받는 결과를 낳는다.

○ '학업 분위기'만으로 충분한가

많은 학부모님들이 자사고를 선호하는 가장 큰 이유는 학업 분위기 때문이다. 공부하는 분위기에 휩쓸려서라도 우리 아이가 더 열심히 할 수 있지 않을까 하는 기대감이다. 하지만 아이의 성향을 정확히 분석하지 않은 자사고 선택은 오히려 아이에게 큰 좌절감을 안겨줄 수 있다.

기존의 상담 사례 중에도 학생 스스로 '분위기를 잘 탄다'고 여겨 자사고를 강력히 희망했던 경우가 있었다. 그러나 컨설팅 결과, 아이는 단순히 휩쓸리는 성향이 아니라 동기 부여가 되면 적극적으로 움직이고, 스스로 '예스'와 '노'를 정확히 판단할 줄 아는 성향이었다. 만약 아이가 강력한 내적 동기를 갖고 있다면 자사고의 심화 학습 기회를 최대한 활용할 수 있지만, 그렇지 않다면 일반고에서 성취의 기쁨을 맛보며 자신감을 쌓는 것이 3년 동안의 동력을 잃지 않는 더 현명한 선택일 수 있다.

학교 선택이 중요한 이유는 곧 입시의 주전형을 설정하는 일이기 때문이다. 학교 유형에 따라 유리한 전형이 명확하게 나뉜다. 일반고를 선택했다면, 주전형은 학생부 교과 전형이 되어야 하며, 수능 최저 충족에 집중해야 한다. 내신 관리는 압도적인 1등급(1.0~1.4 이내) 확보를 목표로 하고, 정시는 지원 대학의 수능 최저 학력 기준을 충족하는 보조적인 역할로 삼는다. 물론 이를 위해서는 3년 내내 꾸준한 모의고사 공부가 필수다. 일반고에서는 내신 따기가 수월한 만큼, 주변 친구들과의 내신 경쟁은 치열하다. 따라서 내신 대비 시에는 '실수하지 않는 것'을 최우선 목표로 삼아야 한다. 벼락치기 공부 습관이 있는 학생이라면, 일반고 내신은 잘 받아도 수능 최저를 충족하지 못해 결국 원하는 대학에 지원하지 못하는 불상사가 생길 수 있다.

자사고를 선택했다면 내신 성적은 낮게 나올 것임을 각오하고, 학생부 종합 전형 또는 정시를 주력으로 설정해야 한다. 내신 관리는 2등급대 유지 혹은 우상향 곡선을 그리는 것을 목표로 한다. 학종의 핵심은 내신을 낮은 성적으로 판단하지 않고, 심화된 탐구 활동과 우수한 세부능력 및 특기사항(세특)으로 극복하는 전략이다. 정시는 내신이 원하는 만큼 나오지 않을 경우를 대비한 최후의 보루이자, 최상위 의약학 계열 진학을 위한 주전형이 될 수 있다. 자사고는 교과 난도가 높고 선행이 필수적인 환경이므로, 수학과 과학 학습 상태를 중3 때 고1 11월 모의고사(수학 상/하 전범위) 점수 등으로 객관적으로 확인하고 진입해야 한다. 최소 88~92점 사이를 목표해야 자사고에서 3등급 내외의 내신을 기대할 수 있다는 것이 현실적인 분석이다.

○ 자사고가 학종에서 유리한 진짜 이유

자사고가 낮은 내신에도 불구하고 상위권 대학의 학생부 종합 전형(학종)에서 강점을 갖는 것은 단순히 학교의 간판 때문이 아니다. 바로 교과 과정의 깊이와 학생의 자발적 탐구 역량을 극대화할 수 있는 환경 덕분이다.

자사고와 일반고 선택의 기로에서 학부모님들이 가장 간과하기 쉬운 요소는 바로 '생기부의 서사'다. 이는 내신 등급이라는 숫자를 넘어, 대학이 학생부 종합 전형(학종)에서 학생을 평가하는 핵심 기준이 된다. 이를 가장 명확하게 보여주는 사례가 바로 외고에서 일반고로 전학하며 내신을 4.5등급에서 2.1등급까지 끌어올린 S 학생과 연세대 의대에 입학한 J 학생의 경우이다.

S 학생은 외고에서 4.5등급이라는 낮은 성적으로 출발했지만, 일반고로 전학한 후 2.1등급까지 성적을 끌어올렸다. 대학은 1학년 때의 낮은 성적을 만회하고도 남는 급격한 성적 상승, 즉 우상향 곡선을 매우 긍정적으로 평가한다. 학생이 고난과 환경 변화 속에서도 성숙하고 발전했다는 강력한 증거이자, 미래에 대한 높은 잠재력을 시사하기 때문이다. S 학생은 인원이 적어 내신이 불리할 것을 알면서도 진로에 필요한 물리학 실험, 고급 물리, 고급 화학 등 어려운 심화 과목을 용기 있게 선택하고 이수한 점이 높이 평가되었다. 단순히 내신을 위해서가 아니라 학문에 대한 확고한 탐구 의지를 가지고 있음을 입증했다고 본 것이다. S 학생의 사례처럼 내신 등급이 잠시 낮아지더라도, 끊임없이 발전하고 진로를 향해 도전하

는 모습을 생기부에 담는 것이 학종에서는 숫자 이상의 가치를 지닌다.

　연세대 의대 합격생인 J 학생의 생기부는 학종에서 최고로 평가받는 학업 태도의 구조를 제시했다. 일상이나 수업 중 평범한 현상에서 스스로 의문을 제기하고 탐구 동기를 찾아서 학교 커리큘럼을 넘어 추가적인 실험을 진행하거나, 전문적인 자료(NGO 보고서, 논문)를 활용하여 지식을 확장하고, 진로와 연관된 봉사활동을 꾸준히 지속하고, 리더십 활동을 통해 책임감을 보였다. J 학생은 단순히 성적이 좋은 것을 넘어, 문제 인식 → 탐구 → 확장의 구조를 통해 학업과 인성, 진로가 하나의 일관된 스토리로 연결되도록 생기부를 구성했다. 특히 정규 수업 외에 교사에게 부탁하여 추가 실험을 진행하는 등의 주도적인 태도는 학생이 수동적인 학습자가 아닌 능동적인 연구자임을 대학에 효과적으로 어필했다.

　자사고를 선택하는 학부모님들은 아이가 내신을 어떻게 확보할 것인가에 못지않게, 생기부를 어떻게 채워서 내신 등급의 불리함을 완벽하게 상쇄할 수 있을지에 대한 구체적인 로드맵을 먼저 세워야 한다. 자사고의 내신 경쟁에서 살아남으려면 고1 때부터 탐구 주제를 깊이 있게 가져가고 교과 수업에 대한 참여도를 극대화해야 한다. 꼭 기억해야 할 것은 아무리 생기부가 경쟁력이 있다고 하더라도 낮은 등급일 경우 합격하기 어렵다는 것이다.

즉 일반고는 내신 성적 확보가 최우선 목표이다. 내신과 수능 최

일반고 (교과 전형 주력) 3년 로드맵

시기	목표 등급	핵심 학습 전략
고1 (내신 기초 다지기)	1.0대 초반	교과서와 학교 부교재를 중심으로 반복 학습하여 실수를 최소화. 고난도 문제보다 기본 문제에 대한 완벽 추구.
고2 (심화 및 최저 대비 시작)	1.0대 중반	내신: 융합 선택 과목에서 우수한 성적 유지. 최저 대비: 수능 주력 과목(특히 수학)을 매일 일정량 학습하는 습관 형성. (수학 하루 3시간 이상 권장)
고3 (결정적 시기)	1.4 이내 마감	내신: 마지막 내신까지 최선. 최저 완성: 6월/9월 모평을 기준으로 최저 충족 여부를 최종 점검하고 취약 과목 보완.

자사고 (학종/정시 주력) 3년 로드맵

시기	목표 등급	핵심 학습 전략
고1 (내신 난도 적응)	3등급 초반 (최소 2.5 이내)	선행: 수학/과학 선행을 철저히 하여 고1 11월 모의고사 90점대 실력 확보. 생기부: 진로와 관련된 탐구 주제를 깊이 있게 설정하고, 교과 세특에 심층성이 드러나도록 노력.
고2 (학종 경쟁력 극대화)	2등급 초반 (우상향)	내신: 모의고사 고난도 기출 변형까지 모두 풀어서 내신 대비. 활동: 학교의 심화 과목(고급 계열)을 용기 있게 선택하고, 문제 인식 → 탐구 → 확장의 구조로 생기부를 채움.
고3 (최종 선택)	2등급 이내 마감	정시: 수능 공부 비중을 50% 이상으로 늘려 정시 경쟁력 확보. 학종: 생기부를 바탕으로 대비.

저를 분리하여 전략적으로 접근해야 한다. 일반고에서 벼락치기는 치명적이다. 내신은 우수하게 나올지 몰라도, 수능 최저를 못 맞추면 교과 전형은 무용지물이 된다. 내신과 수능 공부를 별도로 움직여야 한다.

자사고는 내신 등급의 불리함을 인정하고 깊이 있는 탐구 활동과 정시 경쟁력을 동시에 확보해야 한다. 자사고에서 낮은 내신을 극복하는 유일한 길은 생기부의 퀄리티이다. 단순히 활동을 많이 하는 것보다, 하나의 주제를 3년 동안 심화시키고, 이 과정이 교과 세특에 명확하고 구체적으로 서술되도록 노력해야 한다.

고등학교 선택은 아이의 3년 동안의 노력과 방향을 결정한다. 막연한 희망이 아닌, 객관적인 데이터와 내 아이의 성향에 기반하여 현명한 결정을 내리시기를 응원한다.

○ 입시 성공의 핵심, 수능 최저와 꾸준함

어느 학교를 선택하든, 내 아이의 현재 실력과 목표 대학의 요구 조건을 현실적으로 매칭해야 한다. 일반고에서 내신 1.2를 받아도, 최저를 못 맞추면 교과 전형의 문은 닫힌다. 자사고에서 우수한 생기부를 만들어 학종을 노려도, 최저가 걸린 대학이라면 수능 공부를 게을리할 수 없다.

고교 선택의 최종 점검 체크리스트

아이의 성향

☐ 내신 성취가 동력인가요?

  (→ 일반고 유리)

☐ 심화 난이도 도전이 동력인가요?

  (→ 자사고 유리)

현재 수학/과학 실력

☐ 선행 없이 안정적인가요?

  (→ 일반고에서 내신에 집중)

☐ 고1 11월 모의고사 80~90점 이상이 가능한가요?

  (→ 자사고 환경 적응 가능성 높음)

최종 목표

☐ 교과 전형(내신)이 유리한 의약학 계열인가요?

  (→ 일반고에서 1.4 이내(5등급제 최소 1.15이내) 목표)

☐ 정시를 감수하고라도 학종을 통한 최상위 대학 진학인가요?

  (→ 자사고에서 생기부와 정시 병행)

PART 3

▼

학군지와 비학군지의
상위권 입시 전략

학군지와 비학군지,
서울과 지방에 대한 오해

개인 상담을 해보면 서울과 지방에서 생기부를 바라보는 고민의 지점이 다르다는 느낌을 자주 받는다. 이를테면 지방에서 올라와 컨설팅을 받는 학생들 중에는 생기부가 매우 좋은데도 불구하고 '내 생기부가 서울과 비교해도 좋은가? 학종을 위해 열심히 했지만 그래도 교과 전형을 써야 하는 것이 아닌가?'라고 생각하는 경우가 많다. 즉 자신이 가지고 있는 것을 약간 과소평가하는 경향이 있는 것이다. 오히려 컨설턴트의 입장에서 '생기부가 좋으니 학종을 메인으로 가는 것이 좋겠다. 교과로 쓰기에는 아깝다'고 설득하게 되는 일이 생긴다.

반면 서울과 수도권의 주요 학군지에 속한 학생들은 '서울이니까 생기부도, 모의고사도 다 괜찮겠지'라는 근거 없는 자신감을 가지고 있는 경우가 많다. '내신 따기 어려운 학교에서 이 정도 수준이면, 이 학교까지는 학종을 써도 되겠지?'라고 자신 있게 생각하는 것이다.

학군지나 비학군지에 따른 단순한 판단은 냉정하게 봤을 때 현실과는 다르다. 최근 학군지 학교들을 보면 내신 경쟁이 치열하고 표준 편차와 평균은 높은데, 막상 생기부 수준은 잘 준비된 지방 일반고에 비해 경쟁력이 떨어지는 사례도 적지 않다. 학군지라고 해서 반드시 생기부의 수준이 높다고 할 수는 없기 때문에 기본적으로 자기객관화가 되어야 하고, 또 '어느 지역에 있든 해당 전형에서 요구하는 수준의 생기를 갖추었는지'가 관건이다. 그럼에도 학군지 학생들의 경우 우리 학교의 생기부가 나쁠 리 없다는 생각을 하고 있어서 이를 설명하는 데만 상당히 오랜 시간이 걸리기도 한다.

실제로 대치동에서 컨설팅을 진행하면서 대부분 같은 지역의 학생들을 만나다 보니, 약 4~5년 전까지만 해도 컨설턴트로서 학군지 학생들의 생기부가 지방의 일반고보다 경쟁력이 떨어질 거라는 생각을 해본 적이 없었다. 워낙 내신을 따기 어려운 학교인데다가 모의고사 성적도 좋기 때문에 생기부 수준이 높고 학종에 유리할 것이라는 생각이 보편적인 인식이었다. 하지만 전국구로 상담을 확대하고 각종 비학군지나 농어촌 학생들을 만나보면서 이 편견을 반드시 바로잡아야 한다는 사실을 깨달았다.

전국구 학생들의 생기부를 살펴보면 오히려 지방 일반고 선생님들이 더욱 절실함을 보여주시는 경우가 적지 않다. 무엇보다 학군지 학생들과의 경쟁에서는 교과 전형과 학생부 종합 전형만이 최선이라고 생각하기 때문에 어떻게든 조금이라도 더 유리한 방향을 고민하고, 생기부 한 줄이라도 더 알차게 채워주려고 애쓰시는 것이다. 그래서 학생들과 일일이 상담하며 '이 활동은 이렇게 연결해 보면 어때?' 하고 구체화해주시는 선생님들도 있어 가끔은 생기부를 보며 깜짝 놀랄 정도다.

대치동과 같은 대표적인 학군지는 정시라는 서브 전략이 있기 때문에 상대적으로 수시나 생기부 전략에는 절실함이 덜한 부분도 있다. 그래서인지 학군지이면서도 일반고 정도의 경쟁력을 가진 생기부가 만들어져 아쉬움이 남는 학교도 분명히 존재한다. 그러니 '내 아이가 다니는 학교가 학군지나 우수 일반고가 아니라서, 지방의 변두리 학교라서 입시에 불리할 거야'라는 생각으로 미리 움츠러들고 불안해할 필요는 전혀 없다. 생기부의 차이는 지역마다 다른 것이 아니라 학교마다 다르다. 내신의 난이도와 생기부의 질도 별개의 문제다.

생기부의 질을 스스로 점검하기는 어려울 수 있다. 자신의 생기부 경쟁력을 확인하는 가장 일반적이고 현실적인 방법은 입시 경험이 풍부한 세 명 이상의 전문가에게 객관적인 검증을 받아보는 것이다. 최근에는 학교나 지자체 단위의 설명회나 컨설팅의 기회가 증가하는 추세이니 적극 활용하여 신뢰할 수 있는 컨설턴트와 상담해보는 것을 권한다.

상위권 대학 입시 전략,
유리한 전형부터 찾자

최근 입시 전형을 살펴보면 상위권 대학의 전체 모집 인원 중 학생부 종합 전형의 인원 비율이 약 35% 내외로 높은 편이다. 그래서 수치만 보고 지역이나 학교의 특성과 무관하게 상위권 대학에 가기 위해서는 무조건 학종을 준비해야 한다고 생각하는 경우가 많다. 하지만 입시 전략의 출발점은 전형 비율만 보고 결정하는 것이 아니라, 우리 학교와 아이에게 가장 적합한 전형이 무엇인지를 따져보는 것이다.

특히 사교육 인프라가 발달하지 않은 비학군지에서 상위권 대학 합격을 목표로 할 때는 어떤 전략이 필요할까? 대형 입시 학원이나 컨설팅 업체가 밀집한 학군지와 달리 비학군지에서는 모의고사 대비나 내신 관리 방법조차 체계적으로 알기 어려운 경우가 많다. 그래서 비학군지에서 상위권 대학을 노리기 위한 가장 현실적인 전략은 어쩔 수 없이 교과 전형이다. 혹은 학교장 추천 전형, 지역 균형 전형 등 교과 성적의 비중이 큰 전형을 우선순위로 두어야 한다.

물론 상위권 대학의 추천 전형에서는 교과 전형이라고 해도 생기부를 일정 부분 반영한다. 서울대 지역 균형 전형, 고대 학교장 추천 전형, 또 성균관대 학교장 추천 전형 등도 이에 해당한다. 그래서 결국 생기부가 부족하면 지원이 어려울 것이라고 우려하는 분들이 많지만, 이때 요구되는 생기부의 수준은 일반적인 학생부 종합 전형만큼은 아니다. 우리 학교에서 할 수 있는 범위 내에서 최선을 다한 모습만 보여줘도 충분한 의미가 있다. 그러니 지레 불안해하며 포기하지 말고, 교과가 50% 이상 반영된 전형을 주전형으로 적극 활용해보면 된다.

특히 지역 균형 전형은 2022학년도 이후 주요 대학에서 의무적으로 10%를 선발하게 되어 있어서 과거에 비해 기회가 크게 늘어났다. 내신 경쟁이 치열한 학교에서는 오히려 쓰기 힘든 전형이기 때문에 비학군지에서는 중점적으로 노려야 한다. 접근하기 어려운 전형을 기준으로 두는 것이 아니라, 우리 아이가 열심히 했을 때 가장 유리할 수 있는 전형을 고려하는 것이 가장 유력한 전략이다. 따라서 비학군지에서는 학생부 종합 전형보다는 교과 전형, 지역 균형 전형이나 학교장 추천 전형을 주전형으로 삼는 것을 추천한다.

그렇다면 순수 학생부 종합 전형의 경우는 어떨까? 서울대 일반 전형이나 연세대 활동 우수형, 고대 학업 우수형이나 계열 적합형 등 전국의 모든 학교가 경쟁하는 일반적인 종합 전형은 결국 케이스 바이 케이스다. 사교육이 발달하지 않은 비학군지에서도 내신을 따기 어려운 서울의 일반고보다 생기부가 더 잘 갖춰진 학교도 많기 때문에, 딱 잘라 유불리를 말하기는 어렵다. 따라서 우리 학교의 전반적인 생기부 수준와 실제 합격 사례 등을 바탕으로 학종 전형까지 쓸 수 있는지, 혹은 학교장 추천 전형으로 6장을 구성할 것인지에 대해 고민할 필요가 있다.

더불어 비학군지 학교에서 의대를 지망할 때는, 냉정하게 봤을 때 교과 전형이 가장 현실적인 전략이다. 의대는 교과든 종합이든 마찬가지로 아주 높은 내신, 완벽에 가까운 생기부, 상당히 높은 수능 최저, 이 세 가지를 다 충족시키고 있어야 한다. 그런데 비학군지 학교에서 나름대로 최고의 생기부 수준이라고 해도 의대 학종의 실제 경쟁력을 뚫을 만한 정도는 아닌 경우가 대부분이다. 어중간하게 내신도 챙기면서 생기부에 최저 기준까지 맞추는 전략은 불가능에 가깝다.

그래서 비학군지에서 의대를 희망한다면 학종은 추후에 고려할 문제이고, 우선순위는 최대한 내신을 확보하고 최저를 맞추는 것이다. 서울 경기의 비학군지도 마찬가지로 주전형은 우선 교과를 중심으로 내신과 최저를 갖추는 것이 현실적으로 가장 안전하고 효과적이다.

우리 학교에서 유리한 전형을 판단할 수 있는 가장 좋은 방법은 어느 정도 전형을 결정해야 하는 고2 무렵에 학부모가 학교에 직접 가서 상담을 받아보는 것이다. 학교 선배들이 상위권 대학에 합격한 주된 전형은 무엇인지, 그 전형을 통해 합격한 학생들의 내신 등급대와 대략적인 진로·학과는 무엇이었는지, 또 실제 입결은 어떻게 되었는지 등을 구체적으로 여쭤보는 것이 좋다.

"저는 우리 학교 선배들이 작년이나 재작년에 어떤 전형을 썼고, 어떤 등급대 친구들이 어느 학교를 어떤 전형으로 갔는지 조금 궁금합니다. 그래서 그걸 바탕으로 우리 아이의 주전형을 잡고 싶어요. 한번 보여주실 수 있나요?"라고 적극적으로 나서야 한다. 담임 선생님이 다소 부담스러워 하신다면 진로 부장 선생님과의 상담을 요청해도 된다.

이렇게 직접 움직여야만 이 데이터를 통해서 '우리 학교에서 보통 수준의 노력을 한 상위권 학생이라면 어떤 전형을 주전형으로 잡는 것이 합리적인지'에 대한 감을 잡을 수 있다. 물론 우리 아이가 학교의 환경이나 지역적인 환경을 뛰어넘는 예외적인 케이스일 수도 있지만, 그렇지 못할 가능성도 높다. 그러니 이를 통해 현실적인 기준을 찾아보는 것이다.

이 과정에서는 선생님과의 관계도 중요하다. '다른 학교는 이렇게 해준다더라'는 식의 비교를 하는 것이 아니라 선생님의 권위를 존중하면서 '우리 아이의 주전형을 잡기 위해 참고하고 싶다'는 목적을 분명하게 전달하는 것이 좋다.

결국 비학군지든 학군지든 상위권 대학을 목표로 하는 전략은 근본적으로 동일하다. '요즘은 학종 시대니까 무조건 학종'이 아니라, '우리 학교와 우리 아이에게 가장 유리한 전형이 무엇인지 찾는 것'이 가장 중요한 전략이다.

비학군지 고등학교에 대한
변별과 평가

비학군지 안에서도 내신 경쟁이 치열하지만 입시 결과가 좋은 고등학교와, 입시 결과는 상대적으로 떨어지지만 내신이 잘 나오는 고등학교 중에는 어느 쪽을 선택하는 게 좋을까? 학부모님들이 많이 궁금해하시는 부분이지만 이에 대해서 명확하게 답하기는 다소 애매하다.

입시 결과가 좋은 고등학교는 대체로 내신 경쟁이 치열하다는 뜻인데, 실제로 들여다보면 과도한 선행을 필요로 하거나 모의고사 기출 변형 문제까지 풀어야 할 만큼 내신을 확보하기가 어려운 수준은 아닌 경우가 많다. 비학군지를 전제로 봤을 때, 입시 결과가 좋거나 내신을 따기 어렵다고 알려진 학교라고 해도 실제로는 학교 수업을 성실히 따라가고 학교에서 내주는 문제를 충실히 소화하는 것만으로도 충분히 경쟁력을 갖출 수 있다는 뜻이다. 일부 학군지처럼 선행이 내신에 직접적인 영향을 미치거나 모의고사 기출 변형을 기본값으로 소화해야 내신을 받을 수 있는 상황과는 다르다.

객관적으로 봤을 때 성실하게 학교 수업을 따라가고 있다면 충분히 점수를 받을 수 있는 정도이기 때문에 그 안에서 다시 내신을 받기 어렵고 쉬운 학교를 구분하는 것은 큰 의미가 없다. 특히 지방 농촌 지역의 학교에서 내신 따기가 어려운 학교라는 건 경쟁 강도 때문이 아니라 아이의 학습 루틴이나 성실도의 문제일 수 있다. 최소한 학교 수업을 따라가는 성실성은 확보되어야 나중에 수능 최저도 맞출 수 있고, 생기부를 작성하는 기본 조건도 갖춰진다. 결국 교과든 종합이든 최소한의 성실성과 학업 습관이 전제되는 것이 더욱 중요하다고 봐야 한다.

물론 학군지에 비해서 상대적으로 내신 점수를 받기 쉬운 비학군지의 경우에는 대학에서도 이를 감안하여 평가에 있어 변별을 한다. 과거에는 고교 프로파일이 있어서 명확하게 변별이 쉬웠지만, 고교 블라인드가 실시되면서 현재는 세 가지 방식을 유기적으로 적용하며 학교의 수준을 변별하고 있다.

첫 번째 기준은 평균으로, 평균의 높고 낮음이 학교의 학업 수준을 판단하는 가장 기본적인 지표다.

두 번째는 표준 편차인데, 이 역시 단독으로 보는 것이 아니라 평균과 함께 해석한다. 예를 들어 표준 편차가 15 내외라면 우수한 일반고의 조건이지만, 수학과 과학 평균이 60점대 초반에 머물고 있다면 그 표준 편차를 인정받기는 어렵다. 최소한 주요 과목의 평균이 70점은 넘어야 '일반고 중에서도 내신을 따기 어려운 학교'로 판단될 수 있다. 반대로 대치동의 경우 표준 편차는 19~20 정도로 높은데, 평균이 76점 정도라면 편차가 크더라도 상중하위권이 고르게 분포했다는 의미로 해석된다. 대학 입장에서는 우수한 상위권 학생을 충분히 변별해낼 수 있는 구조다.

세 번째로, 평균과 표준 편차가 비슷하다면 원점수 대비 등급을 확인한다. 다만 이 방식은 예전처럼 명확한 판단을 보여주기는 어렵다.

특히 고1부터는 표준 편차가 생기부에서 제외되면서 대학이 학교 수준을 판단할 수 있는 지표 하나가 더 사라졌다. 이를 성취도별 비율이 일부 대체하지만, 학교의 실질적 난이도나 경쟁력을 파악하기엔 부족하다. 즉, 갈수록 학교 수준을 판단할 수 있는 생기부 지표가 점점 약해지고 있는 상황이다. 대신 아이에게 주어진 학교나 지역적 환경을 가급적 배제하고 아이 자체의 노력과 과정을 보려는 대입 공정성 강화 방향과 궤를 같이 하고 있다고 보면 된다.

비학군지의
본격 입시 설계 시점

비교적 정보가 부족한 비학군지에서는 어떻게 입시에 대한 로드맵을 설정해야 할까? 만약 내신과 생기부를 바탕으로 입시 전문가에게 딱 한 번만 컨설팅을 받는다면 언제가 적절한 상담 시기일지에 대해서도 고민하시는 분들이 많다.

주전형과 부전형은 너무 일찍 결정해버릴 필요도 없지만 그렇다고 너무 늦게 결정해도 준비할 시간이 부족하다. 주·부전형을 정하는 가장 좋은 시기는 2학년 여름방학 전이다. 아이의 학업 태도와 학교 기록, 그리고 전형별 가능성을 어느 정도 객관적으로 확인할 수 있기 때문이다.

일단 1학년 때의 생기부를 보면 두 가지 정도를 확인할 수 있다. 해당 학교 생기부의 기본 스타일이 어느 수준이며 어떤 패턴인지, 또 아이가 학종을 염두에 두고 얼마나 주도적으로 움직였는지다.

간혹 '아이는 열심히 했는데 학교에서 생기부를 잘 안 써준다'고 하시는 분들도 있는데, 본인이 호기심을 드러내고 주도적으로 움직인 흔적이 있다면 어떤 학교의 생기부에서라도 분명히 드러난다. 탐구의 깊이가 부족하더라도 최소한 다른 아이들보다 열심히 했다는 성실함은 보이기 마련이다.

또한 성적에 대한 점검도 필요하다. 문이과에 따라서 조금 다르지만, 특히 이과의 경우에는 대수나 미적분Ⅰ, 물·화·생·지의 등급을 반드시 확인해야 한다. 이 과목들이 실제 전형에서 핵심이 되는데 수학 상·하나 통합과학 성적으로는 경쟁력을 판단하기 어렵기 때문이다.

이렇게 생기부를 바탕으로 한 학종 대응력과 2학년 1학기까지의 성적 등을 바탕으로 2학년 여름방학 전에는 주·부전형을 정하는 것이 좋다. 아이가 써야 하는 주전형의 학교에서 필요한 내신이나 수능 최저의 기준에 맞추어 2학기부터 어느 정도 준비를 해야 고3을 대비하는 공부 계획을 제대로 세울 수 있기 때문이다. 만약 수시 카드 6장을 구성하기 전에 한 번 정도 전문가에게 컨설팅을 받는다고 하면, 이때가 가장 최적의 시기다.

다만 막연하게 '어느 대학까지 갈 수 있나요?' 하는 예언이나 정답을 바라는 자리가 되어서는 안 된다. 1학년 생기부를 통해 기록의 방식이나 활동의 흐름을 점검하고, 2학년 1학기까지의 과목별 성적을 바탕으로 전형의 유불리를 따져보며 우선순위를 정리하는 기회로 삼아야 한다. 이때부터는 모든 가능성을 열어두는 것이 아니라 선택지를 좁혀가며 집중하는 전략이 필요하며, 컨설팅은 이를 위한 합리적인 답을 찾아가는 과정이다.

또한 보통 최상위 대학은 3합 6~7 정도의 수능 최저 기준이 있는데, 비학군지 학부모님들은 사교육을 통한 모의고사 준비를 따로 하지 못해서 이 기준을 맞추기 어려울까 봐 걱정하시는 경우가 있다. 그러나 대부분의 학생이 목표하는 대학의 수능 최저 기준을 맞추기 위해서는 고2 겨울방학 무렵부터 본격적으로 준비하면 충분하다.

이 정도의 최저 기준을 맞추기 위해서 학군지의 고강도 사교육까지 받을 필요는 전혀 없다. 애초에 고3 시점의 대치동 학생들은 너무 많은 선행 진도가 나가 있어서 지금부터 기초 개념을 배우기는 어렵다. 3합 7 수준의 최저 기준은 심지어 EBS 인강만 보고 소화해도 충분히 도달 가능한 정도다.

인강은 질문을 못해서 한계가 있다고 느끼는 학생들도 있지만, 최저 기준을 맞추기 위해서는 킬러 문항까지 소화해야 하는 것이 아니기 때문에 인강에서 다루는 기본 개념만 잘 익혀도 충분하다. 즉 비학군지라고 해도 현재 환경에서 활용 가능한 수단으로 얼마든지 준비할 수 있으니 지나치게 걱정할 필요는 없다.

비학군지는
생기부에 불리하지 않을까

많은 부모님들이 비학군지에서는 학교 동아리나 프로그램이 약해서 생기부에 불리할까 걱정을 하신다. 물론 대학에서 말하는 공정성이 어떤 지역이나 학교에는 더 유리하거나 불리하게 작용할 수도 있지만, 그렇다고 해서 대입을 바꿀 수는 없기에 최대한 그 틀안에서 역량을 보여주는 쪽으로 노력해야 한다. 어떤 지역, 어떤 학교에서도 모두에게 완전히 공정한 입시 정책이란 존재할 수 없다.

다만 2022학년도 이후 대입의 공정성 강화 방안의 큰 흐름을 살펴보면 이 부분에 대한 걱정은 크게 줄어들 것이다. 현 대입에서 내놓은 공정성 강화 방안은 '아이에게 주어진 사회적 환경, 지역 환경이나 학교의 환경을 가급적 배제하고 무엇이 주어져 있든 그 안에서 이 아이가 어떻게 최선을 다했는가, 어떻게 호기심을 확장했는가 그 과정을 보고 싶다'는 것이다.

즉 학교 프로그램이 얼마나 풍부하고, 동아리 인프라가 잘 갖춰져있는지는 합격과 직결되는 본질적인 조건이 전혀 아니다. 아이가 의대를 가고 싶은데 의대 동아리가 없다고 해서 불합격되는 것은 아니라는 뜻이다. 동아리는 아쉽지만 대신 자율이나 진로, 세특에서 역량을 더 잘 보여주면 된다. 진로, 세특에 강점이 충분히 있는데 동아리가 약해서 떨어질까 걱정하는 것은 부모님들이 가지고 있는 편견이다. 확실한 강점이 있으면 충분히 학종을 노려봐도 된다.

대학에서도 대부분의 일반고는 생기부가 평이하다는 걸 알고 있다. 그래서 좀 더 높은 내신이 필요한 것이고, 내신을 확보했다면 몇 개의 강점으로 대부분의 약점을 커버할 수 있다. 오히려 입학 사정관이 집중하는 것은 약점이 아니라 이 학생의 강점이 얼마나 선명하게 드러나는가이다. 그게 세특 몇 개가 될 수도 있고, 자율이나 진로, 혹은 특정 분야에 대한 깊이 있는 탐구 흔적이 될 수도 있다.

즉 아이가 학년마다 강점 몇 가지만 가지고 있다면 동아리의 부족이나 실험 기회의 부족 등은 얼마든지 커버할 수 있다는 것이다.

실제로 물리 I 성적이 1등급인 학생이 세특 한 줄만으로 서울대 전자공학부에 합격한 사례도 있다. 세특이 아쉽지만 다른 강점이 명확하게 보였기 때문이다. 평가의 관점에서는 '이 학생이 환경적인 한계 속에서도 무엇을 선택하고 어떻게 해냈는가'의 맥락이 드러나면 된다. 그 자체로 충분한 경쟁력이 되므로 지레 가능성을 단정하거나 포기할 필요는 없다.

다만 경기도 비학군지이면서 비평준화 지역의 일반고 중 내신 편차도 15 내외로 꽤 좋은 편인데도 극상위권 대학 진학률이 저조한 경우는 주로 생기부의 질이 낮기 때문인 것은 사실이다. 학교에서 생기부 작성이나 진로 지도, 탐구 확장 등의 시스템이 받쳐주지 않으면 생기부와 같은 정보에 대해 도움받기 다소 어려울 가능성이 높다. 이때는 학교의 한계가 있어도 개인의 전략으로 극복하는 선배들이 있기 때문에, 그런 선배들의 정보를 얻어 도움을 받는 것이 좋다.

또한 기본적으로 내신이 5등급제 내에서 2등급을 넘어간다면 지방 일반고가 아니라 대치동에서도 건국대, 동국대, 홍익대 이내의 학생부 종합 전형에 합격하기는 어렵다. 생기부에 앞서 내신을 챙기지 못했을 경우 쓸 수 있는 선택지가 훨씬 줄어들 수밖에 없다.

2학년 때부터 아예 논술을 준비하여 논술 전형에 집중하는 전략도 결코 좋은 방법은 아니다. 내신도 극복하지 못했는데 논술 전형에서 학군지 아이들을 이길 수 있다는 것은 큰 착각이다. 학군지 아이들의 주전형은 수시에서도 논술 전형인데, 여기에서 경쟁하는 것은 말 그대로 정글이라고 봐야 한다.

결국 나중에 논술과 정시를 갈 수밖에 없다고 하더라도 이 학교에서 내가 받을 수 있는 최선의 내신 등급을 한 번 받고, 우리 학교에서 이 정도의 노력으로 이 정도의 내신을 받을 수 있다는 경험치를 쌓는 것이 우선이다. 차라리 고2부터 내신을 올려서 1등급 후반에서 2등급 초반만 만들어도 논술로 가는 학교보다 더 상위권 대학을 노릴 수 있는 경우가 많다.

○ 사례 1 : 지방 일반고 고2 내신VS수능

Q. 지방 일반고 인원수 약 200명 미만인 학교입니다. 내신 따기 쉬운 학교라서 선택했는데 공부 잘하는 학생들이 몰리며 갑자기 내신 경쟁이 치열해졌습니다. 전교 20등이 동일 지역 타 학교의 전교 2등과 같은 수준일 정도입니다. 1학년 내신은 국수영탐 4·5·4·4 / 3이고 과사 포함해서 모의고사는 2·3·3·1·1 등급입니다.

1학년 때 내신 기준으로 내신은 4~5등급인데 모의고사는 2~3등급대로 수시보다는 그래도 높게 나오는 상황입니다. 아이는 자꾸 내신에 자신 없어 하고 수시보다 정시를 선택하고 싶어 하는데요. 그래도 저는 수시를 놓지 않고 내신 공부를 했으면 좋겠는데 어떻게 설득하면 좋을까요?

A. 요즘 입시는 내신 따기 쉬운 일반고에서 적정한 생기부를 갖추면 교과든 학종이든 유리한 구조이기 때문에 내신이 쉬울 줄 알았던 학교에 공부 잘하는 학생들이 몰리며 갑자기 내신 경쟁이 치열해지는 경우가 생긴다. 운이 나쁜 셈이지만 전국 곳곳에서 일어나는 일반적인 현상이다.

하지만 공부 잘하는 학생이 몰려 있더라도 현재 내신이나 모의고사를 보면 여전히 성실하게 하면 내신이 충분히 나오는 학교라고 볼 수 있다. 고1 모의고사 결과를 보면 국어 2등급, 수학 3등급, 영어 3등급인데 고2까지도 비슷한 수준을 유지할 것으로 예상할 수 있다.

그런데 3학년이 되면 완전히 다르다. 고1 모의고사는 사실상 내신 시험보다 쉽다. 범위가 넓을 뿐 내신보다 어려운 시험은 아니다. 그러다가 고3이 되면 흔히 준킬러, 킬러 문항이라고 하는 어려운 문제들이 본격적으로 등장한다. 모의고사 성적을 바탕으로 정시를 고민하려면 내신에서는 1, 2등급이 나올 만큼의 성실성이 필요하다. 고3 모의고사에서는 학군지나 N수생과 경쟁해야 하기 때문에 내신에 자신이 없는데 정시로 간다는 건 말이 안 되는 이야기다. 즉 1, 2학년 때까지는 모의고사 성적이 착시 현상을 만들어내고 있는 것이다.

그러니까 정시에서 원하는 학교를 가려면 현재 학교에서 1, 2등급을 먼저 만들 정도의 수준이 되어야 한다. 진짜 모의고사는 고3 6월 모평 성적이 나오기 전까진 제대로 된 모의고사라고 인정하지 않는다. 내신 1, 2등급 수준의 절실함과 절박함, 매일 일정량을 꾸준히 공부하는 습관, 고3 내내 그 정도의 강도를 유지할 수 있는 체력과 정신력도 필요하다. 이 정도를 해내지 못하면 정시에서 경쟁력을 확보하는 것은 불가능한 이야기다.

물론 지금은 아이 입장에서 모의고사보다 내신이 비교적 더 어렵다고 느낄 수 있다. 1, 2학년 때까지는 실제로 모의고사가 더 쉬운 것이 맞지만 실제 수능은 다르다. 내신을 버리고 정시로 간다는 건 쉬운 길을 버리고 더 어려운 길로 뛰어드는 것이다. 현재로서는 생기부로 커버하기에도 어려운 내신 등급이기 때문에 내신부터 올리고 통합적인 진로나 전략을 고민해도 늦지 않다.

○ 사례 2 : 경기 '갓반고' 고등학교 3학년

Q. 경기 수도권 일반고 중에서 흔히 '갓반고'라고 칭하는 학업

성취도가 높은 사립고에 재학 중입니다. 정시 학교라고 말할 만큼 수시보다는 정시에 강한 분위기이고, 그만큼 상위권 경쟁도 치열합니다.

내신은 2.17(9등급 기준)이고 현재 비 주요 과목보다 주요 과목에 치중해 전체 내신은 많이 깎인 상황입니다. 비 주요 과목 등급은 기술가정 5등급, 일본어 4등급, 한문 4등급입니다. 고2 담임 선생님께서 학종으로 상위 대학은 어려우니 교과 전형을 목표로 하라고 조언하셔서 국영수사과 중심으로 공부를 했는데, 정말 이 전략이 맞을지 고민입니다.

그리고 1학년 때부터 생명공학, 생명유전 계열로 채워왔는데 만약 학종으로 가게 되면 다른 과를 지원할 때 메리트가 떨어질까요?

A. 일명 '갓반고' 기준으로 내신 2.17이라면 충분히 학종도 충분히 가능하다. 물론 비 주요 과목 등급이 낮아서 걱정이 되는 부분은 있다. 이과여도 사회나 비 주요 과목을 아예 반영하지 않는 것은 아니기 때문이다. 만약 3.5 이내만 됐어도 성실성의 감점 요인이 없는 수준인데 조금 감점이 될 만한 측면은 보인다.

그러나 성실성 감점이 학업 역량·진로 역량에서의 강점을 뒤집을 정도는 아니다. 학업 역량으로 평가할 때는 크게 영향을 주진 않기 때문에, 진로 역량이나 학종으로 상위권을 노리는 게 맞다. 오히려 교과 전형을 주전형으로 잡는 것은 불리하다.

현재 고3이기 때문에 생기부를 좀 더 면밀하게 채우는 것을 추천한다. 1학년 때는 별 게 없어도 괜찮고, 2학년 때 방향성과 탐구 과정이 몇 개만 잡혀 있어도 3학년 때 강하게 마무리하면 학종이 충분히 가능하다. 이미 약점이 된 부분을 보완하기보다 강점으로 살릴 수 있는 부분에 집중해야 한다.

또한 1학년 때부터 생명공학, 생명유전 계열로 생기부를 채웠더라도 단순 진로가 아니라 교과 심화 베이스로 연결했다면 괜찮다. 생명에 대한 개념이나 심화적인 탐구 고민이 담겨 있다면 꼭 생명공학만 쓰는 것이 아니라 생명 계열의 교과 심화가 잘 되어 있는 물리, 화학, 수학 등 다른 이과 전공을 쓰는 것도 충분히 가능하다.

PART 4

생기부
완전 정복하기

생기부 주제 찾는
노하우 및 학년별 주안점

    생기부는 학생의 수업 참여, 수행평가, 발표와 질문, 보고서와 탐구 등 학교에서 이루어진 학습과 활동 과정을 바탕으로 작성되는 기록이다. 생기부는 교사가 작성하지만 그 내용을 채워가는 것은 학생이기 때문에 역량과 탐구의 깊이를 보여줄 수 있는 주제를 선정하고 근거가 될 만한 활동을 보여주는 것이 매우 중요하다. 하지만 생기부를 너무 막막하고 어렵게만 느낄 필요는 없다. 각 학년별로 어떤 주제를 담아 생기부를 채워나가야 하는지 주된 키워드를 알고 있다면 방향성을 잡기가 훨씬 쉬워질 것이다.

○ 1학년은 한두 개의 전략적 활동으로 연습하는 시기

1학년 때는 학교에서 주어진 수행평가나 프로그램을 성실하게 이수하는 것만으로도 충분하다. 일단 1순위는 무조건 내신이기 때문에 지나치게 많은 활동을 하느라 내신에 소홀해져서는 안 된다. 다만 그중에서 한두 개 정도는 전략적으로 활동해보는 경험을 추천한다. 자신의 활동 과정이 생기부에 들어가기 위해서 어떤 노력을 해야 하는지에 대한 시행착오를 1학년 때 미리 겪으며 실험하고 체득하는 것이 매우 중요하기 때문이다.

전략적으로 선택한 한두 개의 활동에 대해서는 생기부 작성을 단계적으로 고민해보자. '어떤 방식으로 호기심을 표현할까?', '탐구 과정은 어떻게 할까?', '보고서와 요약문은 어떤 구조로 작성할까?', '내가 작성한 요약문을 반영하려면 우리 학교의 환경에서 선생님과 어떻게 커뮤니케이션해야 할까?' 하는 부분들을 직접 시도해봐야 한다.

학교마다 생기부를 만드는 방식은 각기 다르다. 1학년 때 이러한 시도를 통해 시행착오를 겪지 않으면 2학년 때 같은 시행착오를 겪게 되고, 그만큼 생기부를 깊이 있게 만들기가 어려워진다. 학종을 염두에 두고 적극적으로 움직인 흔적은 어떤 학교든 간에 생기부의 질적 차이로 분명하게 드러나게 된다.

○ 2학년은 진로 연계보다 교과 심화를 중심으로

2학년 때는 전공 적합성이나 진로 연계보다 교과 심화가 훨씬 더 중요하다. 교과에 대한 심화 활동이 이루어지지 않은 상태에서 진로 활동만 강조된 생기부는 깊이가 얕을 수밖에 없다.

그래서 이 시기에는 진로와 무작정 연계하는 것보다는 수학이면 수학, 국어라면 국어 그 자체의 과목 개념에 호기심을 갖고 파고드는 과정이 필요하다. 과목의 개념을 탐구하고 집중하는 활동만으로도 이후 다양한 계열의 진로에 충분히 연결할 수 있다. 교과 심화 없이 진로만 내세우면 오히려 나중에 방향을 바꾸기에도 애매해진다.

최근에는 학생부 종합 전형의 평가 포인트도 변화하고 있다. 대학에서는 예전처럼 전공 적합성을 많이 평가하지 않는다. 고등학교 수준에서 아무리 전공 관련한 심화 활동을 해도 한계가 있기 때문에, 그보다는 탐구하는 방식과 역량을 보고 싶어 한다. 그래서 전공 적합성 개념이 진로 역량으로 바뀐 것이다. 즉 경영학과를 지망한다고 해서 3년 내내 경영 관련 활동만 하는 것이 아니라 1, 2학년 때까지는 보다 폭넓은 교과 심화 활동을 해도 경영학과에 합격하는데 아무런 문제가 되지 않는다. 이과라면 수학·과학 교과 심화를 통해 학업 역량과 진로 역량을 동시에 확보할 수 있다.

대신 2학년 2학기 무렵부터는 진로 연계 포인트를 잡아가도 된다. 다만 전공이라는 개념이 아니라 계열의 방향성을 정하라는 의미다. 전기전자 계열로 갈 것인지, 기계 계열로 갈 것인지, 의대라면 메디컬 계열을 계속 유지할 것인지 등 계열을 선택하고 3학년 때 이를 깊이 있게 이어가는 것이다.

만약 1, 2학년 내내 특정 전공만 집중하고 교과 심화가 뒷받침되지 않은 채 방향성을 고정해버리면 3학년 때 진로를 바꾸고 싶어도 방향을 틀기가 어렵다. 반면 교과 심화가 잘 되어 있으면 3학년 때 수리·물리·화학 베이스인 학과의 진로에서 같은 베이스의 다른 학과를 쓰는 식으로 유사한 계열 내 이동을 해도 아무 문제가 없다. 물론 아예 계열이 바뀔 경우에는 그 계열의 유불리를 따져봐야 되기 때문에 가급적이면 계열 내에서 방향을 잡는 것을 추천한다.

○ 3학년은 탐구 주제를 확장하고 심화하는 활동

2학년 때 교과 심화 활동을 충분히 하면서 계열의 방향성을 정했다면 3학년 때는 관련 이론이나 학문적 개념으로 한 단계 더 깊이 있게 들어가는 것이 좋다. 2학년 때 다룬 주제를 똑같이 다시 다루는 것이 아니라 이를 확장하고 연계할 수 있어야 한다.

예를 들어, 전기전자를 지망하는 학생이 전기전자와 관련된 물리 역학이나 전자계, 빛과 관련된 주제를 다루었다면 3학년 때는 이런 고민을 해야 한다. '그러면 내가 탐구한 것과 관련하여 내가 대학에 들어갔을 때 배우는 이론이나 내용들은 무엇이 있지?' 그렇게 학문적으로 깊이 있는 주제로 이어지는 것이 가장 좋다.

아예 새로운 주제를 계속 다루는 것이 아니라, 이미 다루었던 주제 중에서 관련 있는 개념이 무엇인지 설명하거나, 뒷받침할 수 있는 이론이 무엇인지 등을 깊게 파고드는 탐구 활동을 보여주는 것이 가장 효과적이다.

나열식 생기부 탈출!
구체적 탐구 과정 만드는 팁

학생부 종합 전형에서 좋은 평가를 받기 어려운 생기부의 대표적인 예시는 아이가 수행한 활동을 그저 보여주기만 하는 나열식 생기부다. 나열식 생기부의 대표적인 특징은 말 그대로 단순히 '활동만 나열'되어 있는 것이다.

예를 들어 '토론 수업 참여', '보고서 제출', '동아리 활동 수행'과 같은 내용만 반복되는 생기부의 경우 왜 그 주제를 선택했는지, 그 과정에서 어떤 고민을 했으며 무엇을 새롭게 알게 되었는지는 알기 어렵다. 단순히 수업에 참여한 것이 전부가 아니라 그 배움을 통해 사고의 깊이나 탐구의 태도가 드러나야 그 학생에 대한 '하나의 이야기'가 완성된다.

구체적으로 아래 사례를 살펴보자.

창의적 체험활동

2학년 자율활동 : 1학기 학급 부회장 활동을 함. 전교 학생회 문화체육부 부원으로서 교육 환경 개선을 위해 화장실 탈의실 설치, 급식 시 질서 유지의 필요성 등을 학급 또는 학교 학생들의 의견을 수렴해 다른 임원들과 토의함으로써 좋은 호응을 얻어 개선함. 학교 축제에 학생들이 많이 참여하여 줄기 게 할 방안을 모색함. (후략)

전교 학생회 문화체육부 부원으로서 활동한 내용이 구체적으로 담겨 있어 나열식은 아니라고 생각할 수 있지만, 이는 자신의 주어진 역할에 맞게 응당 해야 할 일을 성실히 수행했을 뿐이다. 만약 교육 환경 개선의 과정에서 문제 해결을 위한 추가적인 활동을 진행한 내용이 담겼다면 공동체 역량에서 더 좋은 평가를 받았을 것이다. 활동이 많이 기재된다고 해도 누구나 하는 일, 학생의 적극성과 주도성을 볼 수 없으면 좋은 생기부라고 할 수 없다.

또 어떤 호기심을 갖고 어떤 과정을 통해서 탐구했는지의 구체성이 드러나지 않는 것도 나열식 생기부의 특징이다.

위 사례의 경우, 특정 함수의 넓이 구하는 공식에 관심을 가지고 직접 증명해본 활동에서 '어떻게 증명했는지'의 과정이 서술되어 있지 않다.

여기에서는 미분 개념을 활용한 한계 비용과 수요의 탄력성이라는 주체적인 주제가 나온 것은 좋다. 하지만 미분 개념을 활용했다면 구체적 수치의 해석 과정이 나와야 하는데 그 부분이 빠져서 왜 수학 세특에 기록되었는지에 대한 설득력이 약하다. 또한 수학적 개념은 '미분 개념을 활용한'이라는 표현밖에 없기 때문에, 수학적 사고의 과정이 구체적이지 않고 키워드의 깊이도 부족하다는 아쉬움이 있다.

탐구 과정에서 호기심이 확장되어 심화, 연계 활동을 보여주는 것도 중요한 요소다. 억지로 심화 연계를 위해 같은 주제를 반복하는 것이 아니라, 자연스러운 후속 탐구가 이루어져야 한다.

예를 들어 위 사례처럼 기본 주제가 '한계 비용 체증의 법칙'이라면, 관련 주제인 '비용 함수'나 심화 개념인 '선형 회귀 함수'라는 키워드로 호기심이 확장되거나, '규모의 불경제'라는 연계 개념을 탐구하며 연계 활동을 이어갈 수 있을 것이다. 이와 같이 구체적인 탐구의 심화, 연계가 이루어졌을 때 자신의 역량을 충분히 드러낼 수 있다.

다만 이러한 특징을 살펴봤을 때 '내 생기부도 나열식인데 어떡하지?' 하고 지나치게 두려워하는 경우도 있는데, 특목자사고가 아닌 일반고라면 지레 겁먹거나 포기할 필요는 없다. 필요한 내신이 충분히 충족된다는 전제하에 자신의 역량을 보여줄 수 있는 주도적인 탐구 사례가 몇 개만 있어도 나머지 약점은 충분히 커버할 수 있기 때문이다.

○ 나열식 생기부를 벗어나 구체적인 주제 선정 방법

주제를 선정할 때 가장 중요한 것은 교육 과정 내에서 나에게 주어진 수업, 진로 프로그램, 수행평가로부터 출발해야 한다는 것이다. 교과목과 무관하게 그저 흥미로운 주제를 아무거나 정하는 것은 가급적 지양하는 것이 좋다. 수업 시간에 배운 내용이나 주어진 진로 프로그램, 수행평가와 관련한 주제를 선정하는 것이 좀 더 바람직하다. 입사관이 평가했을 때 그 과목의 개념과 연계되는 주제가 가장 좋다.

또한 주제를 선정한 뒤에는 탐구 활동에 대한 근거 자료가 명확할수록 좋은 평가를 받을 수 있다. 최종적으로는 한 학기 동안 수행했던 많은 프로그램과 수행평가의 리스트를 만들어본 뒤 나의 역량을 보여줄 수 있는 활동을 선정하여 생기부에 보여주는 것이다.

주제를 선정하기 위해 도움을 받을 수 있는 다양한 참고 사이트가 있다. 이와 같은 사이트를 활용하여 내 탐구 활동에 도움을 받으려면 좋은 정보를 얻는 방법을 알아야 한다.

예를 들어 DBPia 사이트에 들어가보면 다양한 논문 목록이 있다. 조회 기간을 1년~3년으로 압축하면 최신 주제 중에서 TOP 10

수행평가 주제 찾기

참조 사이트 활용

**우수한 선행연구자료 및
최신 연구동향을 알고 싶다**

- DBpia
  (www.dbpia.co.kr)
- 학술연구정보서비스(RISS)
  (www.riss.kr)
- ScienceON
  (scienceon.kisti.re.kr)

국가 공공자료를 활용하고 싶다

- 국가통계포털
  (kosis.kr)
- 공공데이터포털
  (www.data.go.kr)
- 기상자료개방포털
  (data.kma.go.kr)

과학일반 분야의 연구주제를 파악하고 싶다

- 국립중앙과학관
  (www.science.go.kr)
- 카오스재단
  (ikaos.org)
- 사이언스타임즈
  (www.sciencetimes.co.kr)
- 사이언스올
  (www.scienceall.com)

분야별 주제나 근거 데이터를 찾고 싶다

- 한국생명공학연구원
  (www.kribb.re.kr/kor/main/main.jsp)
- 한국바이오안전성정보센터
  (www.biosafety.or.kr)
- 메디칼타임즈
  (www.medicaltimes.com)
- SW중심사회
  (software.kr)
- ITFIND
  (www.itfind.or.kr)
- BaekjoonOnlineJudge
  (www.acmicpc.net)
- 기계로봇연구정보센터
  (www.materic.or.kr)
- 한국물리학회
  (www.kps.or.kr)
- 한국화학연구원
  (www.krict.re.kr)
- 알지오매스
  (www.algeomath.kr/algeo)
- 국립국어원
  (www.korean.go.kr)
- 국토지리정보원
  (www.ngii.go.kr)
- 한국영어영문학회
  (www.elak.or.kr)
- 찾기쉬운생활법령정보
  (www.easylaw.go.kr)

논문이 나온다. 여기에서 연구 주제와 배경, 연구 방법, 연구 결과 등을 살펴보면서 내가 활용할 수 있는 키워드를 찾아보는 것이다. 키워드나 초록의 핵심 단어를 인용하면 교과 심화에 도움이 되는 내용을 발굴할 수 있다.

관심 분야의 논문 3~4개를 살펴보면 수행평가나 진로 동아리 자료로 활용할 수 있는 매우 중요한 참고 주제가 될 것이다. 이렇게 참고 사이트를 활용하면 주제가 참신해지고 생기부에 개성을 불어 넣을 수 있다.

○ 생기부 차별화를 만드는 현실적인 팁

특목자사고나 우수 일반고, 일반고 등 학교 특성별로 생기부의 깊이 차이가 나는 것은 어쩔 수 없는 현실이다. 하지만 그만큼 학교마다 합격 레인지가 다르고, 입학 사정관이 전국구의 모든 생기부를 단순 비교하지는 않기 때문에 주어진 환경에서 최대한 강점을 드러내는 것이 현실적인 전략이다.

또한 생기부는 학생이 직접 작성하는 것이 아니라 선생님의 권한이기 때문에 자신의 탐구 활동을 선생님께 적극 어필하는 것도 중요하다. "제가 이렇게 보고서 주제를 잡아봤는데 어때요?", "이걸 조금 더 추가 탐구해보려고요" 등 수업을 듣다가 궁금한 내용이나 추가 탐구하고 싶은 내용을 질문하는 것도 가장 기본적이지만 적극적인 방법이다.

탐구 후 보고서를 제출할 때는 앞면에 다섯 줄 이내의 요약문을 맨 앞에 달아두는 것을 추천한다. 사실상 생기부에 그대로 넣어도 될 정도의 요약문을 통해서 자신이 탐구 과정에서 어디에 포인트를 두고 집중했는지 '참고해달라'는 뜻이다. 요약문이 너무 길거나 아예 없으면 선생님들이 이를 요약까지 해서 생기부에 넣어주기는 어렵다. 반면 다섯 줄 이내의 요약문으로 어필하면 실제로 50~60% 정도는 생기부에 반영해주시는 경우가 있다.

한편 전공이 같고 프로젝트 활동이나 동아리 실험을 협업하는 경우에는 생기부 내용이 비슷할까봐 걱정하시는 분들이 있는데, 그렇지 않다. 물론 협업을 하고 팀 프로젝트를 하면 비슷한 내용이 들어갈 수는 있지만, 중요한 건 '내가 이 활동에서 어떤 역할을 했는가', 또 '실험 후에 어떤 호기심을 가졌는가'와 같은 내용이다. 실험을 같이 했다는 사실은 입사관이 봤을 때도 너무나 당연한 일이기 때문에 충분히 차별화를 만들어갈 수 있다.

입학 사정관이 보는 경쟁력 있는 생기부

학생부 종합 전형은 정량 평가가 아니기 때문에 평가 기준이 막연하게 느껴질 수 있다. 하지만 각 대학에서는 매년 학생부 종합 전형 가이드북과 안내서를 통해 평가 기준을 명확하게 공개하고 있다. 이는 지원하려는 대학별로 확인할 수 있지만 대부분의 대학은 학업 역량, 진로 역량, 공동체 역량의 세 가지 기준을 바탕으로 학생부를 평가한다.

○ 학업 역량

학업 역량은 대학 교육을 충실히 이수하는 데 필요한 수학 능력을 말한다. 즉 대학 수준의 수업을 듣고 충분히 이해하며 소화할 수 있는지 평가하겠다는 뜻이다. 학업 역량의 세 가지 평가 요소는 학업 성취도와 학업 태도, 탐구력이다.

학업 성취도는 내신 성적을 말한다. 다만 단순한 등급이 아니라 원점수, 평균, 표준 편차, 이수자 수, 성취도별 분포 비율을 종합적으로 평가하여 등급을 해석하는 것이다.

이를테면 A학교에서는 1등급을 받은 학생의 원점수가 89점, B학교에서는 3등급을 받았지만 원점수가 94점인 경우, 단순 등급만 비교하는 것이 아니라 원점수가 더 높은 3등급의 성취 수준이 더 높게 평가될 수 있다. 즉 숫자만 보는 것이 아니라 숫자를 바탕으로 종합적인 해석이 적용된다는 사실을 이해해야 한다.

주요 과목뿐 아니라 기타 과목의 교과 성적도 평가에 포함된다. 주요 과목만 파고들어 기타 과목과 점수 차이가 너무 벌어지면 학업 역량이나 공동체 역량의 성실도에서 감점 요인이 될 수 있으니 어느 과목이든 소홀히해서는 안 된다.

학업 태도는 수업에 적극 참여하며, '이건 왜 이럴까?', '이 개념은 무엇과 연결될까?' 하는 호기심을 가지고 다양한 탐구 방법을 통해 답을 찾아가려는 자세를 말한다. 열심히 암기하고 필기하여 점수를 잘 받는 학생보다는 호기심을 바탕으로 능동적으로 탐구하는 학생이 학생부 종합 전형에서는 더 높은 평가를 받게 된다. 수동적으로 공부하는 학생들은 교과 전형을 지원하는 것이 더 유리할 수 있다.

즉 내신 성적은 물론이고 학업 태도와 탐구력이 더해졌을 때 학업 역량에서 좋은 평가를 받게 된다.

○ 진로 역량

최근 학생부 종합 전형에서는 전공 적합성이라는 용어를 쓰지 않는다. 특정 학과에 맞추기보다는 계열 단위에서 진로를 탐색하는 과정으로 생기부를 채우는 것이 진로 역량의 트렌드다. 그래서 진로 역량은 학과가 아니라 자신의 진로와 전공(계열)에 관한 탐색 노력과 준비 정도를 평가하는 항목이다.

구체적으로는 전공(계열) 관련 교과 이수에 대한 노력을 평가한다. 지원하고자 하는 전공이나 계열과 연관된 교과목을 이수해야 한다는 것이다. 서울대학교를 비롯한 여러 대학에서 진로 연계 교과 이수 과목에 대한 기준을 제시하고 있고, 동일한 성적을 받은 학생이라도 교과 이수 여부에 따라 평가 결과가 달라질 수 있다. 고교학점제에서 관련 과목이 개설되어 있지 않은 경우에는 공동 교육과정, 온라인 수업, 소인수과목 등 이수하고자 하는 노력을 함께 살펴본다.

다음으로 중요한 요소는 전공(계열) 관련 교과 성취도다. 학업 역량에서의 학업 성취도와 마찬가지로 내신을 평가하되, 그중 전공(계열)과 관련된 과목의 성취 수준을 보는 것이다.

만약 전자공학과를 지망하는 A 학생은 국어·수학·영어·과학 전반에서 고르게 2.0~2.1 수준의 성적을 받았는데, B 학생은 국어와 수학은 2.8점과 3.2점이지만 수학과 과학이 1.5점과 1.7점으로 평균은 동일하게 2.0이라고 하자. 학업 역량의 측면에서는 동등한 점수로 산출할 수 있지만 B 학생이 진로 역량에서는 더 높은 평가를 받게 된다.

또한 진로 탐색 과정에서 호기심을 적극 해결해가는 과정, 구체적으로 어떤 활동에 참여하고 어떤 노력을 했는지도 진로와 연계된다면 진로 역량의 점수에 반영된다.

○ 공동체 역량

공동체 역량은 공동체의 일원으로서 갖춰야 할 바람직한 사고와 행동을 평가하는 항목이다. 이는 인성에 대한 평가와는 다르다. 구체적으로 협업과 소통 능력, 리더십, 나눔과 배려, 성실성과 규칙 준수와 같은 항목이 포함된다.

꼭 반장이나 조장을 맡았다고 해서 공동체 역량이 높게 평가되는 것은 아니다. 협업 과정에서 자신이 맡은 역할에 얼마나 충실했는지, 공동의 과제에 대해 어떤 대안을 제시했는지, 또 갈등을 어떤 방식으로 해결했는지도 평가 대상이 될 수 있다.

행동특성 및 종합의견

학급의 면학 분위기 조성에 주도적 역할을 수행함. 지필 평가를 앞두고 학급 회의에서 서로의 공부를 점검해줄 방안을 제시함. 휴대폰 학습 어플을 모두 깔게 한 뒤, 팀별로 공부시간 양을 측정하여 팀끼리 경쟁하도록 함. 팀 내부에서 상위권 학생이 다른 친구의 학습을 자발적으로 돕도록 성적이 낮은 학생이 성적을 올릴 경우 향상된 등급 점수에 좀 더 가중치를 두게 하자는 의견을 제안함. 팀 내부 협동과 팀 간 경쟁이 되도록 주도했으며, 개선점을 매번 점검해 고쳐나감. (생략)

위 사례와 같이 임원으로서의 역할과 활동을 매우 구체적으로 서술한 내용은 리더십이나 협업 능력, 소통 능력에서 높은 평가를 받을 수 있다.

　또한 성실성과 규칙 준수의 경우, 가장 기본적인 태도를 반영하지만 그만큼 매우 중요하다. 자신이 속한 공동체가 정한 규칙과 규정을 준수하고 있는지를 평가하기 때문에 미인정 결석이나 지각, 혹은 인정 결석이나 지각이 너무 많아도 감점 요인이 될 수 있다.

Q. 인문 계열의 생기부 주제 탐구는 어떻게 해야 할까요?

A. 문과와 이과는 기본적으로 생기부의 전략이 조금 다르다. 이과의 핵심 키워드는 '깊이'다. 개념이나 이론을 한 단계라도 더 파고들며 심화 키워드가 잘 들어날 수 있도록 하는 데 중점을 두어야 한다. 반면 문과에서는 깊이보다 '넓이'가 중요하다. 예를 들어 저출산이라는 하나의 사회 현상을 다룰 때, 제도적인 측면과 경제적 측면, 사회 심리적인 측면 등 여러 관점에서 분석할 줄 알아야 한다.

또한 어떤 철학이나 현상에 대해서도 하나의 결론이나 해결책을 제시하는 것보다는 다양한 관점에서 해석하고 다양한 이론을 적용해보는 과정이 중요하다. 학생은 전문가가 아니기 때문에 고등학생 수준에서 문제점을 진단하고 해결책을 제시하는 것보다 어떤 현상을 얼마나 다양한 관점에서 탐구

해봤는지에 대한 학문적인 자세를 보여줘야 하는 것이다.

Q. 자율 활동에 들어간 활동이 행특에 중복되어도 되나요?

A. 제일 좋은 행특의 서술은 아이의 1년 동안 평가와 함께 구체적인 근거 활동을 넣어주는 것이다. '지적 호기심이 높은 학생'이라고 한다면 그 평가에 대한 구체적인 근거가 필요하기 때문에, 자율이나 진로, 세특 일부 활동에 들어갔더라도 역량을 표현하는 활동이라면 행특에 중복해서 들어가도 무방하다.

Q. 인문 계열인데 생기부에 특정 진로가 강하게 드러납니다. 고 2까지 작성이 끝났는데 수정할 수 있을까요?

A. 고2까지 이미 작성된 생기부는 일종의 매몰 비용이기 때문에 어쩔 수가 없다. 이미 진로 연계가 강하게 되어 있다면 3학년 때 개념의 깊이를 보여줄 수 있는 탐구를 보완하여 해당 진로로 마무리하는 것이 가장 안정적인 방법이다.

Q. 지방고 예비 고1입니다. 의대 지망이라 전사고를 포기하고 집 근처 남고를 선택했는데 잘한 걸까요?

A. 지역인재 전형은 대부분 교과 전형으로 선발된다. 이는 2028년도에도 이어질 가능성이 매우 높기 때문에, 의대를 목표로 한다면 지역 내 일반고에서 내신을 확보하는 전략이 전사고보다 유리할 수 있다.

Q. 지방 일반고에서 교과 전형을 메인으로, 학종을 서브로 준비하려면 내신에 제일 먼저 초점을 잡아야 하는 것은 무엇일까요?

A. 제일 중요한 것은 내신이다. 특히 09년생 이후로는 3학년 1학기까지 진로선택 과목을 포함하여 등급이 산출되므로 내신에 대한 부담이 좀 더 클 수밖에 없다. 1학년 때는 관심 분야를 어필하되 무엇보다 교과 성취를 메인으로 생각해야 한다. 만약 1학년 생기부를 봤을 때 도저히 학종을 노릴 수 없을 것 같다고 한다면 수능 최저를 맞추는 노력을 조금 더 빨리 시작하는 것이 좋겠다.

Q. 1, 2학년 생기부를 충분히 작성한 것 같은데 3학년 1학기에 더 연계해서 심화해야 하나요?

A. 만약 1, 2학년까지 탐구가 충분히 이루어졌다면 어느 정도 안정적으로 바라봐도 된다. 다만 한양대처럼 '비판적 사고력'을 중시하는 대학을 목표로 한다면, 꼬리에 꼬리에 무는 호기심의 탐구 과정을 보여주는 것이 더 유리할 수 있다.

Q. 전국 개방형 자율학교에 합격했는데 표준 편차가 사라지면 일반고와 차별성이 약해질까요?

A. 교과 커리큘럼의 특이점이 없다면 사실상 일반고와 차별성이 약할 수 있다. 표준 편차가 사라지면 내신의 영향력이 커지기 때문에 결국 커리큘럼의 경쟁력이 관건이 되므로, 신중하게 판단하는 것을 권한다.

Q. 생기부에 잘못된 내용이 기재되어 있으면 나중에 면접에서 커버 가능한가요?

A. 생기부의 사소한 오류가 합불에 결정적인 영향을 주지는 않는다. 입학 사정관은 생기부를 길게 보면 19분, 적게 보면 13분 정도 살펴보고 평가를 진행한다. 단어 하나, 표현 하나까지 꼬투리 잡으면서 평가하지는 않기 때문에 과도하게 걱정할 필요는 없다.

Q. 고교학점제가 시행이 되면 공동교육 과정을 활용해서라도 학교에 없는 과목을 꼭 채워야 될까요?

A. 고교학점제에서는 이미 진로 선택 과목, 융합 선택 과목만 해도 선택할 게 굉장히 많다. 공동 교육 과정까지 소화할 수 있는 시간적 여유는 현실적으로 없다고 봐야 한다. 3학년 1학기까지 등급이 나오는 과목들이 많아지기 때문에 공동 교육 과정까지 활용하기보다는 주어진 상황 속에서 최대한 내신을 확보하는 것이 중요하다.

PART 5

▼

모의고사는
점수가 아니라 전략이다

모의고사 성적표가 말해주는
수많은 의미

입시 전략을 세우기 위해서는 생기부에 대한 객관적인 점검을 비롯하여 모의고사 성적표를 제대로 읽고 해석할 줄 알아야 한다. 등급만 보고 판단하는 것이 아니라 시험의 난이도와 변별력, 자신의 점수가 상대적으로 어떤 위치를 차지하고 있는지 이해해야 수능 대비는 물론이고 수시의 가능성이나 최저 기준의 균형을 맞춰가며 현실적인 전략을 설계할 수 있다.

○ 표준 점수

모의고사 성적표에서 제일 먼저 확인하게 되는 것은 표준 점수
다. 표준 점수의 범위는 국어와 수학이 0점에서 200점 사이, 탐구
과목은 1점에서 100점 사이이다. 특히 국어와 수학의 경우에는 난이
도가 표준 점수에 큰 영향을 미치게 된다. 난이도가 어려워 평균과
의 편차가 클수록 표준 점수가 올라가고, 난이도가 쉬워서 평균과
의 편차가 좁을수록 표준 점수도 낮아지는 경향이 있다.

수능 모의고사를 기준으로 볼 때 국어와 수학에서 만점자의 표

3월 모의고사 성적표 표준점수

영역 (선택 과목)	원점수		표준점수		표준점수에 의한 석차/백분위/등급				응시자 수
	배점	득점	범위	득점	학급 석차	학교 석차	전국 백분위	등급	
국어 (언어와 매체)	100	57	0~200	111	9/28	35/267	69.47	4	349763
수학 (미적분)	100	70	0~200	129	4/28	8/267	90.47	2	348973
영어	100	71			원점수에 의한 등급 (3)				351141
한국사	50	29			원점수에 의한 등급 (4)				351154
탐구 생활과 윤리	50	19	0~100	47	6/8	53/107	41.32	5	136503
탐구 사회 문화	50	17	0~100	46	4/6	68/137	42.05	5	150825

138

준 점수가 145점 전후여야 가장 이상적인 변별력을 갖췄다고 해석한다. 150점을 넘어가면 난이도가 과도하게 높았던 것이고, 130점대나 140점 초반이면 비교적 쉬웠던 것으로 본다. 똑같은 표준 점수라고 해도 만점자의 표준 점수가 몇 점인지를 같이 확인해야 내 점수의 위치를 제대로 파악할 수 있다. 탐구의 경우에는 만점자의 표준 점수가 68점 정도일 때 가장 적정 난이도로 보며, 만약 70점이 넘으면 난이도가 높았고 65점 미만이면 매우 쉬웠다고 생각하면 된다.

대략 이 정도의 기준을 가지고 자신의 성적을 확인하면 되는데, 다만 탐구의 경우는 성격이 조금 다른 부분이 있다. 탐구에서는 난이도가 올라가더라도 그 과목을 선택한 집단의 학업 수준이 높으면 표준 점수가 크게 오르지 않기도 한다.

특히 과탐에서는 물리I, 화학I, 사탐에서는 경제, 동아시아사, 세계사, 세계지리 등이 일명 '고인물 과목'으로 불린다. 선택자 집단의 기본 학력 수준이 워낙 높다 보니 난이도가 올라가도 표준 점수가 크게 상승하거나 등급 컷이 떨어지는 일이 거의 없기 때문이다.

결국 표준 점수는 몇 점을 받았는지를 보는 것보다 그 시험에서 만점자의 표준 점수가 얼마인지를 함께 보는 것이 핵심이다. 자신의 점수만 보고 어느 정도라고 체크하는 것은 큰 의미가 없다.

정시에서 건국대·동국대·홍익대 이상의 서울권 대학들은 대부분 표준 점수를 기준으로 합격선을 결정한다. 반면 국숭세단이나 지방권 대학에서는 표준 점수를 반영하기도 하지만 백분위를 함께 반영하는 경우도 있다. 그래서 홍익대 이상의 대학을 정시로 지원할 때는 표준 점수가 매우 중요하지만, 3월·6월·9월 모의고사에서는 크게 의미를 두지 않아도 된다. 그때그때 모의고사의 난이도가 다르기 때문이다.

○ 백분위

백분위는 내 앞뒤로 몇 퍼센트가 있는지 보여주는 지표다. 예를 들어 국어 백분위가 69.47이라면, 내 앞에 30.53%의 학생이 있고 내 뒤에 69.47%의 학생이 있다는 뜻이다. 미적분 백분위가 90.47이라면 상위 9.53%에 해당하는 점수라고 해석하면 된다.

백분위는 내 성적이 우리 학교나 전국 단위에서 어느 위치에 있는지 보여주는 지표이기 때문에, 6월이나 9월 모의고사에서는 표준 점수보다 백분위를 보고 판단하는 것이 더 의미가 있다.

○등급

수시에서 수능 최저 기준을 맞출 때 가장 중요한 지표는 등급이다. 상담을 해보면 가끔 각 과목의 등급만으로 어느 대학까지 갈 수 있는지 물어보시는 경우가 있는데, 주전형이 정시일 때는 등급보다 백분위를 기준으로 봐야 한다.

백분위보다 등급을 우선순위로 봐야 하는 경우는 수능 최저 기준을 충족해야 할 때다.

등급을 산출할 때 국어·수학·탐구는 상대평가가 이루어진다. 1등급은 상위 4% 이내, 2등급은 11% 이내, 3등급은 23% 이내라는 식으로 등급이 산출된다. 내신과 똑같은 방식이지만 5등급제 내신과 달리 수능은 9등급제다.

반면 영어·한국사·제2외국어는 절대평가이기 때문에 원점수 기준에 따라 1등급부터 9등급이 구분된다. 즉 기준 점수만 넘으면 해당 등급이 나오기 때문에 수능 만점자라고 했을 때 영어가 90점 이상이면 만점으로 간주되는 것이다.

○ 응시자 수

응시자 수는 시험을 본 집단의 크기나 성격을 파악하는 데 참고가 되는 지표다. 특정 과목의 응시자 수가 많거나 적은지에 따라 점수 분포와 변별력에 대한 해석이 달라질 수 있다. 학평 도수분포표를 확인하면 더 구체적인 분석이 가능하다.

○ 정답률과 오답률

3월 모의고사 성적표 정답률

구분	비율
A	80% 이상
B	60% 이상~80% 미만
C	40% 이상~60% 미만
D	20% 이상~40% 미만
E	20% 미만

성적표를 보면 각 문항 옆에 A, B, C, D, E 표시가 있는데, 이는 그 문항의 정답률 즉 난이도를 의미한다. 정답률이 80% 이상이면 A로 매우 쉬운 문제를 뜻하고, 정답률이 20% 미만인 E는 우리가 보통 말하는 킬러 문항이다. 보통 ABC는 안정적이면서 DE가 약간

출렁이는 것이 이상적이다.

학생들 중에는 'A나 B를 틀린 건 실수이니 극복 가능하고, E를 맞췄으면 잘한 것'이라고 착각하는 경우가 있다. 하지만 원점수가 같더라도 A와 B를 틀리고 D나 E를 맞춘다면 불확실성이 커져서 정시 예측도가 떨어진다.

준킬러나 킬러 문항은 반드시 내가 공부한 만큼 나온다는 보장이 없기 때문에 D나 E 문항은 맞출 수도 있고 틀릴 수도 있는 부분이다. 만약 ABC에서 틀리는 문제가 있다면 이를 보완하는 공부를 하면서 DE를 맞출 확률을 높이는 방향으로 가야 한다. 그런데 간혹 준킬러나 킬러 문항에 집중하느라 막상 ABC를 틀리고 소홀히 하는 학생들이 있다. ABC가 안정적으로 준비되지 않으면 결국 실제 수능에서는 ABCDE를 다 틀리게 된다.

이처럼 정답률 분포는 실질적으로 학습의 수준을 보여주는 지표가 될 수 있고 정시에 대한 예측도를 높여주기도 한다. 따라서 모의고사마다 ABC를 안정적으로 맞추는지, 아니면 매번 ABCDE의 정답률이 계속 바뀌는지를 체크하는 것도 매우 중요한 포인트다.

전국 백분위와 학교 석차의
괴리 해석

모의고사 성적을 받아보면 학교에 따라서 내신은 잘 나오는데 그에 비해 모의고사 성적은 잘 나오지 않는 케이스가 있다. 예를 들어 국어 기준으로 전국 백분위가 69.47이라면 대략 상위 30% 수준이다. 그런데 같은 성적으로 학교 내에서는 267명 중에 35등으로 상위 13% 정도가 된다. 수학 과목은 전국 백분위 90.47로 상위 9~10%인데 학교 석차는 267명 중에 8등으로 대략 3%대다. 그렇다면 전국 백분위보다 학교 내에서 훨씬 상위권이기 때문에 그 괴리감이 상당히 클 수밖에 없다.

이 정도로 차이가 날 때는 무엇보다 객관적인 위치를 정확히 파

3월 모의고사 성적표 표준점수

영역 (선택 과목)		원점수		표준점수		표준점수에 의한 석차/백분위/등급				응시자 수
		배점	득점	범위	득점	학급 석차	학교 석차	전국 백분위	등급	
국어 (언어와 매체)		100	57	0~200	111	9/28	35/267	69.47	4	349763
수학 (미적분)		100	70	0~200	129	4/28	8/267	90.47	2	348973
영어		100	71	원점수에 의한 등급(3)						351141
한국사		50	29	원점수에 의한 등급(4)						351154
탐구	생활과 윤리	50	19	0~100	47	6/8	53/107	41.32	5	136503
	사회 문화	50	17	0~100	46	4/6	68/137	42.05	5	150825

악할 수 있어야 한다. 학교 석차와 전국 백분위의 관계성을 보면 해당 학교의 평균 학업 수준이 어느 정도인지 가늠할 수 있다. 학부모 상담을 하다 보면 '우리 학교는 내신 따기가 어렵다'고 말씀하시는 분들이 많은데, 객관적인 성적으로 살펴보면 전국 단위 '갓반고' 수준의 치열한 경쟁은 아닌 곳이 대부분이다. 최소한 전국 백분위에 근접한 정도의 학교 백분위가 나와야 이 학교의 수학 능력이나 내신이 적당히 치열하고 경쟁도가 높다고 판단할 수 있다.

예시 사례의 경우처럼 전국에서 차지하고 있는 백분위의 위치와 우리 학교에서 차지하고 있는 백분위의 위치가 이렇게 크게 벌어진다면, 이 학교는 기본적으로 수학 능력이 매우 높은 집단이라고 하기는 어렵다. 실제로 목동, 분당, 대치, 일산이나 대구 일부 지역 등의 학군지 중에는 전국 백분위 대비 학교 석차가 더 낮은 곳들도 많다. 이 차이를 객관적으로 잘 이해하고 있어야 한다.

또한 학교 내신은 잘 나오지만 모의고사는 잘 나오지 않는 경우, 학교의 구조 자체가 정시 대비의 비중이 크지 않을 수 있다. 내신 시험 자체의 난이도가 낮은 편이고 수능형 사고력을 충분히 요구하지 않기 때문에, 학교의 내신과 모의고사의 괴리감이 3년 내내 지속될 수밖에 없다. 이 경우 학교 내신은 1.0에 가까운데 고3 모의고사에서는 수능 최저 기준조차 충족하지 못하는 사례도 드물지 않다. 내신에 걸맞은 수능 최저 기준을 맞추기 위해서는 수능형 공부를 별도로 해야 한다는 판단이 필요하다.

이러한 객관적인 분석을 통한 판단은 최소한 고등학교 2학년 2학기 무렵에는 이루어져야 한다. 내신과 모의고사 성적 분석을 통해서 내신이 안정적으로 나온다고 해도 수능 최저 기준을 맞추지 못할 수도 있다는 가능성을 체크하고 대비하는 것이다. 특히 이런 학교가 많은 지역일수록 사교육에서도 수능보다 내신 위주로 운영되는 경우가 많아 개별적인 노력이 꼭 필요할 수 있다.

기본적으로 전국 단위의 백분위와 우리 학교에서 백분위 사이의 괴리감을 이해하고 인정해야 어떻게 이를 보완할 것인지 고민하는 단계로 나아갈 수 있게 된다.

다만 주의할 점은 내신과 모의고사 성적표의 비교를 통해서 이러한 괴리감을 확인했다고 하더라도 고등학교 1학년부터 곧바로 모의고사 대비를 시작하라는 의미는 아니라는 것이다. 이를 통해 우리 학교의 주전형이 수시 중심인지, 정시를 주전형으로 준비하는 데 불리한 부분이 있는지 등을 파악하는 것이 목적이다. 즉 학부모 입장에서 '우리 아이가 모의고사 공부를 따로 안 해서 점수 차이가 많이 나네'라고 생각하는 것이 아니라 '이 아이가 성실하게 하는데 내신과 모의고사의 괴리감이 큰 걸 보니 정시로 주·부전형을 넣기는 조금 어려울 가능성이 있네. 3합 5 정도의 수능 최저는 별개의 노력이 필요하겠구나'라는 정도의 판단을 할 수 있으면 된다.

최소한 2학년 1학기까지는 어떤 학교에서든, 또 설령 정시가 주전형인 학교라고 해도 내신부터 챙기는 것이 가장 중요하다. 내신이 매우 높은 아이의 경우, 최소 3합 6 이상의 수능 최저를 맞춰야 한다면 2학년 2학기부터 모의고사 공부를 병행하는 것에 대해 고민할 필요는 있다.

만약 어떤 학교가 유독 모의고사 성적이 잘 나온다면 이는 내신과 별개로 모의고사 준비를 하기 때문은 아니다. 이미 중학교 때 해당 학교에 가려고 고2 수준의 모의고사까지 적정 심화를 하고 온 아이들이 많아 학업 수준 자체가 높거나, 혹은 그 학교의 내신 고사가 평소 모의고사 기출 변형 수준까지 준비해야 잘 나오는 유형이기 때문이다. 물론 가끔은 학교의 환경을 넘어서는 수학 능력을 갖고 있는 친구들이 있긴 하지만 예외적인 경우다.

따라서 성적표를 바탕으로 주어진 환경에 대해서 객관적으로 점검하고, 내신을 놓치지 않으면서 그에 맞는 전략을 차근차근 세워가는 것이 관건이다. 성적표를 등급만 보고 넘기는 것이 아니라 전반적으로 해석할 수 있는 눈이 있어야 전형에 대한 유불리를 파악하고, 어떤 시점에 어떤 준비를 해야 하는지에 대해서도 감을 잡을 수 있다.

고3 모의고사 바탕으로
정시 가능성 예측하는 분석법

　고등학교 3학년에 올라가서 3월 첫 모의고사 성적표를 받으면 이는 남은 한 해 동안 입시를 준비하는 하나의 기준점이 된다. 이때 모의고사 성적표를 받자마자 꼭 해야 하는 것이 있다. 지난 고2 때의 모의고사를 포함하여 최소 세 번의 모의고사 성적을 나란히 두고 분석해보는 것이다. 표준 점수는 모의고사마다 난이도가 달라 큰 의미가 없기 때문에, 백분위를 기준으로 상대적인 위치를 파악해야 한다.

　분석 방법은 세 번의 성적 중 과목별로 가장 잘 나왔을 때와 가장 못 나왔을 때의 백분위를 확인한 뒤 평균을 내는 것이다. 예를

백분위 평균 구하는 방법

백분위(등급)	6월	9월	3월
국어	89 (2등급)	68 (4등급)	69 (4등급)
수학	87 (3등급)	81 (3등급)	90 (2등급)
영어	2등급	1등급	3등급
탐구1	73(화학) (4등급)	52 (물리학) (5등급)	41 (생윤) (5등급)
탐구2	69(생명과학) (4등급)	53 (생명과학) (5등급)	42 (사문) (5등급)

들어 국어 과목에서 가장 잘 나온 점수가 89점, 가장 낮게 나온 점수가 69점이라면 평균은 75점 정도가 된다.

과목마다 각각의 평균을 구한 뒤에는 국어, 수학, 탐구의 평균을 합친 뒤에 3으로 나누면 백분위의 평균을 도출할 수 있을 것이다. 탐구는 두 과목이지만 나누기 4를 하게 되면 탐구의 비중이 너무 늘어나기 때문에 나누기 3을 해야 한다.

백분위 평균 구하는 방법

구분	국어	수학	영어	탐구			백분위 합	백분위 평균
				1	2	평균		
Max	89.61	90.47	1	73.09	69.76	71.4	251.48	83.826
Avg	75.73	86.38	2	55.66	55	55.33	217.44	72.48
Min	68.13	81.26	3	41.32	42.05	41.68	191.07	63.69

이때 맥스와 미니멈의 편차가 20 정도로 크게 벌어지면 정시에

서 받을 수 있는 성적을 예측할 수 없는 수준이라고 봐야 한다. 과목별로 그 요인을 들여다보면 ABC 난이도의 문제가 흔들리는 경우가 대부분이다.

개인적인 경험치에 의하면 고2 모의고사와 고3 3월, 6월 모의고사를 합쳐서 그 편차가 평균 대비 4 이내에 있을 때가 가장 안정적이다. 정시 성적이 어느 정도 예측 가능하면서 수능 최저 기준을 충족할 수 있는지도 확인할 수 있는 수준이기 때문이다. 편차가 6 이내까지만 되어도 안정적인 편으로 보지만 8 이상이 되면 기존의 점수가 큰 의미가 없어진다. 이 경우는 기존에 받았던 최고 성적이 수능날 다시 나오기는 상당히 어렵다고 봐야 한다. 편차가 12 이상까지 벌어진다면 사실상 정시는 불가능하며, 수능 최저가 없는 안정하향 전략으로 가는 것이 합리적이다.

단순히 모의고사 점수만 놓고 보면 대략적으로 비슷한 성적이 나오고 있다고 느끼기 쉽지만, 이를 과목별로 나누어 최고점과 최저점을 비교해보면 차이가 확연히 드러나게 된다. 같은 87점, 88점대 성적이 나오는 것 같아도 최고점과 최저점의 편차가 2~3 이내인 경우가 있고 8~9까지 벌어지는 경우도 있기 때문에 그 정도를 꼭 확인해야 한다. 이러한 분석 없이 수능 결과를 예측하거나, 정시로 어느 대학까지 갈 수 있을 것이라고 판단하는 것은 거의 의미가 없다.

학부모님들은 평소 잘하던 아이가 수능 당일에 긴장해서 성적이 안 나왔다고 생각하지만, 이렇게 세 번 정도의 모의고사 성적을 두고 분석해보면 이미 수능 점수에 대한 가능성이 어떤 식으로든 드러나 있었다는 걸 알 수 있다. 대치동 수시 컨설팅에서도 이처럼 지난 성적에서 편차를 보고 정시 가능성이나 수능 최저 충족 가능성을 알아보는 분석 작업을 하는 것이다.

입시는 수능 당일의 운에 맡기거나 실수를 자책할 것이 아니라, 냉정하고 객관적인 점검을 통해 각 시기의 보완점을 찾아가며 전략적으로 접근하는 것이 중요하다.

도수분포표로 읽는
수능 응시 인원의 변화

2026학년도 재학생은 이른바 '황금돼지띠'로 연초부터 재학생의 수가 전년 대비 10% 이상 증가했다. 수시와 정시 인원이 그만큼 늘어났다는 뜻이기 때문에 실제 입시를 준비하며 불안감도 커질 수밖에 없는 상황이다. 구체적인 응시 인원의 변화는 각 모의고사마다 도수분포표를 통해서 확인할 수 있다. 이를 통해 수능 응시 인원의 규모를 어느 정도 예측하고, 그 안에서 일어나고 있는 변화의 흐름도 간략히 살펴보자.

우선 2026학년도 고3 3월 모의고사에 응시한 재학생 수는 총 35만 1,454명이다. 그 전과 전전해를 비교해보면 2024학년도 3월 학평은 30만 8,815명, 2025학년도에는 32만 1,493명이 응시했으니 재학생 규모가 확연히 증가한 사실을 알 수 있다.

이때 주의해야 할 점은 접수 인원과 실제 응시 인원은 다르다는 점이다. 2022학년도 이후부터 결시율은 항상 12~13% 정도인데, 실제 수능에서 등급과 백분위를 산출하는 기준은 접수 인원이 아니라 응시 인원이다.

예를 들어 2024학년도 3월 모의고사 응시 인원은 30만 8,815명, 수능에 응시한 재학생 접수 인원은 32만 6,646명이었다. 2025학년도에는 3월 모의고사 응시 인원은 32만 1,493명이었고 실제 수능 응시 인원은 약 30만 2,589명이었다. 대략적으로 한 94% 정도가 수능에 응시했다. 2026학년도의 경우 3월 모의고사 응시 인원은 총 35만 1,454명이었는데 실제 재학생 수능 응시자 수는 33만 3,102명으로 전년 대비 0.4% 정도 증가한 수준이었다. 2022년 수능 이후 응시율이 가장 높았다.

그렇다면 재수생 인원은 어떻게 될까? 재수생 규모는 해마다 큰 폭으로 변동하지 않기 때문에 비교적 예측하기 쉽다. 실제 응시 인원 기준으로 보면 2018년도부터 2023년도까지 재수생의 실제 응시 인원은 12만 명에서 13만 명대 초반이었다. 그런데 2024년도에 갑자기 15만 7천 명으로 뛰었고, 2025학년도에는 16만 명까지 증가했다. 접수 인원 자체는 18만 명에 결시율이 2만 명 정도였다. 2026학년도는 실제 졸업생 접수 인원은 18만 2,277명, 응시 인원은 16만 794명이었다. 총 응시자 수 49만 3,896명으로, 2025학년도 응시자 수인 46만 명보다 다소 증가한 규모다.

또 한 가지 중요한 포인트가 있다. 입시 트렌드가 바뀌면서 재수생들이 6월이나 9월 모의고사에 반드시 응시하지는 않으며, 문제를 다운받아 스스로 풀거나 혼자 공부하다가 수능에만 합류하는 패턴이 많아지고 있다. 그래서 통계 자료에 들어오지 않는 인원이 늘어나고 있다가 작년에는 그 숨은 인원이 무려 7만 명이나 됐다. 그래서 설령 6월, 9월 모의평가에서 점수가 잘 나왔더라도 재수생을 이겼다고 생각하고 방심하면 안 된다. 수능 당일에는 훨씬 많은 재수생들과 경쟁하게 될 수 있기 때문에 끝까지 긴장을 놓지 말아야 한다.

○ 응시 인원에 따른 변화가 만드는 사탐런 현상

최근 수능에서 나타나고 있는 현상 중 하나는 이과 학생들이 사회 탐구로 이동하여 단기간에 점수를 끌어올리려고 하는 전략인 '사탐런'이다.

실제 수치를 살펴보면 2024학년도 대비 2025학년도에는 수능에서 미적분을 선택하면서 사회 탐구를 한 과목 또는 두 과목까지 응시한 인원이 4만 6,000명 증가했다. 확실하게 사탐런 현상이 나타났다고 볼 수 있다. 그 결과 수능에서 사회문화, 생활과 윤리 과목의 응시자 수가 눈에 띄게 늘었고, 반면 과학 탐구에서는 물리I · 화학I · 생명과학I · 지구과학I의 응시 인원이 모두 감소했다. 이러한 현상은 올해까지 이어지면서 심지어 문과 성향이 강한 과목으로 여겨졌던 동아시아사나 세계사와 같은 과목까지도 응시 인원이 증가하고 있다.

2026학년도 수능 과목별 응시자 변화는 2025학년도와 또 다른 양상을 보인다. 사탐런 현상이 처음 나타난 2025학년도만 하더라도 과학 탐구 두 과목을 선택한 응시자 수가 감소하고 과탐I · 사탐I 응시자 수가 증가한 반면, 2026학년도는 수학, 탐구 과목의 모든 지표가 변화했다.

수능에서 이러한 변화는 전무후무하다. 이제 이과에 미적/과탐, 문과는 확통/사탐의 등식은 없다. 주어진 시간 안에서 최고의 성적을 가져올 수 있는 조합을 고민해야 하는 것이 2027학년도의 탐구 과목의 선택 조건이다. 이제 완전한 통합 수능이 예고된 2028학년도 수능 직전인 올해의 수능은 어느 정도의 과목별 변화가 나타날지 예측할 수 없을 정도다.

이제 사탐런이라는 현상에 올라탄다는 관점보다는, 탐구 17과목 중 어떤 조합이 가장 유리할지를 고민해야 한다. 수능 최저로 미적/기하나 과탐이 지정된 메디컬이나 서울대 지균, 연세대 교과와 종합이 아니고서야 모든 가능성을 열고 유리한 과목을 찾는 수밖에 없다.

또한 지방 메디컬, 서울대 공대를 제외하고 대부분의 대학은 과목 지정이 거의 없기 때문에 재수생들이 오히려 사탐을 열어두고 선택하는 경우가 더 증가할 것으로 보인다.

다만 이과 학생들도 사회문화처럼 자료나 도표 그래프 해석 능력이 필요한 과목을 선택하는 것은 좋을 수 있지만, 독해 부담이 크고 지문의 난이도가 높은 생활과 윤리, 윤리와 사상 등의 과목은 오히려 리스크가 될 수 있으니 과목 선택에 있어서도 고민이 필요하다. 무작정 응시 인원만을 보고 따라가는 것이 아니라 자신의 역량에 따라서 과목 특성을 함께 고려하는 방식이 되어야 할 것이다.

수능 도수분표표

수학 과목 선택에 따른 탐구 응시자 수 변화(기준: 응시 인원)							
영역	과목	26 수능			25 수능		
		인원	비율	전년비	인원	비율	전년비
수학	Tot	471,374	95.4%	106.3%	443,233	95.6%	103.9%
	수학 자연	207,019	43.9%	85.9%	240,967	54.4%	102.8%
	&과탐(2)	95,501	20.3%	58.6%	163,002	36.8%	80.5%
	&그외	111,518	23.7%	143.0%	77,965	17.6%	244.5%
	수학 인문	264,355	56.1%	130.7%	202,266	45.6%	105.2%
	&사탐(2)	214,646	45.5%	125.9%	170,541	38.5%	102.7%
	&그외	49,709	10.5%	156.7%	31,725	7.2%	121.5%

수학 과목 선택에 따른 탐구 응시자 수 변화 (기준: 응시 인원)

24 수능			23 수능		
인원	비율	전년비	인원	비율	전년비
426,625	95.9%	99.5%	428,966	95.8%	99.8%
234,395	54.9%	105.5%	222,103	51.8%	106.9%
202,513	47.5%	101.5%	199,612	46.5%	104.9%
31,882	7.5%	141.8%	22,491	5.2%	128.9%
192,230	45.1%	92.9%	206,863	48.2%	93.2%
166,128	38.9%	91.4%	181,802	42.4%	95.4%
26,102	6.1%	104.2%	25,061	5.8%	79.9%

(수학 자연: 미적분/기하 중 택1, 과탐(2): 미적/기하 응시자 수 중 과탐 두 과목 선택 인원, 그 외: 미적/기하 응시자 수 중 과탐 두 과목을 선택하지 않은 인원(이과의 사탐런))

(수학 인문: 확통 응시자 수, 사탐(2): 확통 응시자 수 중 사탐 두 과목 선택 인원, 그 외: 확통 응시자 수 중 사탐 두 과목을 선택하지 않은 인원)

수능 도수분표표

탐구 과목 선택자 수의 변화(기준: 접수 인원)				
과목	**2024**		**2025**	
	인원	비율	인원	비율
생활과 윤리	161,009	33.1	183,441	32.1
윤리와 사상	43,209	8.9	47,391	8.3
한국지리	37,779	7.8	40,850	7.1
세계지리	29,872	6.1	34,333	6.9
동아시아사	18,144	3.7	18,328	3.2
세계사	20,466	4.2	20,394	3.6
경제	6,255	1.3	7,353	1.3
정치와 법	29,098	6.0	34,706	6.1
사회·문화	141,016	29.0	185,014	32.4
총계	486,828		571,810	
물리학	69,422	14.3	63,740	14.7
화학	64,198	13.3	48,758	11.2
생명과학	160,409	33.1	141,027	32.5
지구과학	169,535	35.0	153,987	35.5
총계	463,564		407,512	

탐구 과목 선택자 수의 변화(기준: 접수 인원)			
2026		**전년대비**	
인원	**비율**	**인원**	**비율**
224,552	30.8	▲41,111	▲22.4
54,014	7.4	▲6,623	▲14.0
48,500	6.6	▲7,650	▲18.7
46,497	6.4	▲12,164	▲35.4
23,208	3.2	▲4,880	▲26.6
23,490	3.2	▲3,096	▲15.2
8,525	1.2	▲1,172	▲15.9
37,889	5.2	▲3,183	▲9.2
263,047	36.0	▲78,033	▲42.2
729,722		▲157,912	▲27.6
46,943	14.3	▼16,797	▼26.4
26,683	8.2	▼22,075	▼45.3
112,128	34.3	▼28,899	▼20.5
115,435	35.3	▼38,522	▼25.0
301,189		▼106,293	▼29.3

PART 6

▼
▼

입결 분석과
수시 지원 마스터 플랜

입결 완벽하게 분석하는
기본기

수시 6장을 전략적으로 구성하기 위해서는 '어느 대학을 쓸 것인가'보다 '무엇을 근거로 판단할 것인가'를 먼저 생각해봐야 한다. 이때 기준점을 세워줄 수 있는 가장 중요한 참고 지표는 지난 입시 결과를 살펴보는 것이다. 단순히 등급이나 숫자만 보는 것이 아니라 전형 구조와 변화, 자신의 성적 위치에 대한 객관적인 판단 등의 여러 요인을 복합적으로 읽을 줄 알아야 한다.

수시 전략을 세울 때 반드시 점검해야 할 기준은 크게 세 가지가 있다.

첫 번째, 기본적으로 모의고사 성적을 분석하는 것이다. 꼭 정시

만을 목표로 하는 '정시 파이터'가 아니더라도 수능 최저를 맞춰야 하거나 또는 주·부전형에 정시까지 넣어 병행해야 하는 학생이라면 반드시 모의고사를 통해 현 위치와 강약점을 파악해두어야 한다.

두 번째, 입시 요강상 입결이 상승할 가능성이 있거나 모집 인원의 변화가 있는 전형을 미리 분석해봐야 한다. 올해 주목해야 할 전형 변화로 인해 공격적으로 지원해볼 만한 전형이 나타날 수도 있기 때문에 이를 파악해두는 것이 필요하다.

세 번째, 입시 결과를 어떻게 분석해야 하는지 이해하고 있어야 한다. 입결은 단순히 점수만으로 지원할 수 있는 대학 컷을 확인하는 것이 아니라, 같은 성적과 여건이라고 해도 더 유리한 전형과 전략을 짜는 핵심적인 정보로 활용할 수 있다.

실제로 수시 설명회나 컨설팅에서 다루는 핵심 내용은 결국 이 세 가지 기준을 토대로 학생의 성적이나 등급에 맞춰 수시 6장을 어떻게 지원할 것인지 다루는 것이다. 설명회에 가더라도 이에 대한 기초적인 지식을 가지고 있어야 정보를 적극 활용하고 아이에게 딱 맞는 전략을 짤 수 있다.

그렇다면 입시 결과는 어떻게 활용하고 어떻게 바라봐야 하는지 차근차근 단계적으로 살펴보자.

입시 결과는 '대학어디가' 사이트에서 쉽게 확인할 수 있다. 예를 들어 고려대학교를 선택하여 살펴보면 그 안에서 [모집 요강], [대학 특징 및 입시 가이드] 등 여러 메뉴가 나오는데 이중 [평가 기준 및 입시 결과]를 클릭하면 된다. [학생부교과 전형] - [2025학년도 전형 결과]에 들어가면 해당 전형의 결과 자료가 쭉 정리되어 있다.

학교 추천 전형에서 최종 등록자의 50% 컷과 70% 컷에 대한 대학의 환산 점수와 등급 점수를 살펴보자.

경영대학을 예로 들어보면, 작년의 모집 인원은 52명이고 경쟁률은 6.13이니 지원자 수는 약 318명이었다고 보면 된다. 충원 합격 순위가 77번까지 갔다는 건 최초 합격자를 포함하여 예비 번

A

모집단위	모집인원	경쟁률	충원합격순위	학교추천전형					
				대학별환산				최종등록자 교과성적 학생부등급	
				최종등록자 환산점수		총점(학생부)			
				50% cut	70% cut			50%a.t	70%a.t
경영대학	52	6.13	77	79.54	79.43	80		1.29	1.36
국어국문학과	9	7.44	13	79.23	79.16	80		1.48	1.53
철학과	11	6.18	14	79.23	79.13	80		1.48	1.55
한국사학과	4	9.25	2	79.15	79.12	80		1.54	1.55
사학과	7	7.86	8	79.14	79.12	80		1.54	1.55
사회학과	12	5.17	22	79.30	79.25	80		1.44	1.47
한문학과	4	8.00	1	79.04	79.02	80		1.61	1.62
영어영문학과	16	4.56	14	79.18	79.13	80		1.52	1.54
독어독문학과	6	6.83	5	79.01	78.94	80		1.62	1.66
불어불문학과	6	7.33	3	79.01	78.96	80		1.62	1.65
중어중문학과	8	6.38	4	78.95	78.94	80		1.65	1.66
노어노문학과	6	7.67	6	78.93	78.89	80		1.67	1.70
일어일문학과	7	7.00	5	79.03	79.00	80		1.60	1.63
서어서문학과	7	8.29	6	78.93	78.89	80		1.67	1.70
언어학과	4	7.75	6	79.22	79.20	80		1.49	1.50
생명과학부	15	10.93	24	79.58	79.52	80		1.26	1.30
생명공학부	17	8.88	27	79.61	79.56	80		1.25	1.27
식품공학과	7	12.29	5	79.33	79.32	80		1.42	1.43
환경생태공학부	11	22.64	14	79.31	79.28	80		1.43	1.45

호 77번까지 실제 등록이 이루어졌다는 뜻이니, 모집 인원 대비 100% 이상 충원이 이루어진 셈이다.

다만 52명 모집에 77번까지 충원되었다고 해서 최초 합격자 전원이 빠져나간 것은 아니다. 그대로 등록한 학생도 있고, 예비 합격자 중에서 다른 학교에 등록한 학생도 있기 때문에 최종적으로 등록한 인원이 77번까지라는 뜻이다. 경영대학은 거의 100% 이상 돌았지만 이는 학과마다 다르다. 예를 들어 한국사학과는 충원 비율이 약 50% 수준에 그치기도 하고, 사회학과처럼 상대적으로 더 많이 도는 학과도 있다. 학과뿐 아니라 연도에 따라서도 상황이 달라진다.

고려대의 경우는 최종 등록자의 대학 환산 점수와 함께 학생부 등급도 발표하지만, 교과 성적 학생부 등급의 50% 컷과 70% 컷만 발표하는 학교도 있다. 또한 작년까지 정량 평가 80에 정성 평가 20을 반영하는 구조였기 때문에 학생부가 80% 반영되었다고 나와 있는데, 2026학년도부터는 학생부 반영 비율이 90%로 확대되었다.

○ 요강과 입결을 함께 해석해야 한다

대학의 입결 레인지를 볼 때 가장 기본이 되어야 하는 것은, 교과 전형은 학교마다 반영되는 교과목이 모두 다르다는 점을 인지하는 것이다. 같은 교과 전형이라고 해도 어떤 과목을 어떤 방식과 비중으로 반영하느냐에 따라서 입결의 결과가 달라지게 된다.

고려대의 경우는 전 교과를 반영하지만 국어·수학·영어·사회·과학만 반영하는 학교도 있고, 문이과를 구분하여 인문 계열은 국어·수학·영어·사회, 자연 계열은 국어·수학·영어·과학만 반영하는 학교도 있다. 특히 동국대 학교장 추천 전형은 정량 평가에서 10개 과목의 성적만 뽑아 반영하기도 한다.

경희대의 경우 2025학년도까지 인문 계열은 국어·수학·영어·사회, 자연 계열은 국어·수학·영어·과학을 기준으로 교과 정량 평가를 진행했다. 하지만 2026학년도부터는 문이과 구분 없이 국어·수학·영어·사회·과학을 모두 반영하는 것으로 바뀌었다.

정량 평가에 반영하는 과목의 구성이 바뀌면 성적의 산출이 달라질 수밖에 없다. 즉 전년도에 이 학교가 어떤 과목 수로 입결을 구성했는지 모집 요강에서의 변화와 입결을 같이 보면서 해석해야 한다. 교과 성적의 학생부 등급을 구성하는 반영 과목을 간과하고 전 교과 등급을 기준으로 입결을 보면 오류가 커지게 된다.

또한 교과 전형의 입시 결과를 해석할 때는 전년도 수능 최저 기준도 꼭 확인해야 한다. 예를 들어 작년에는 탐구 두 과목 평균으로 3합 7의 수능 최저 기준을 가지고 있었는데 올해는 탐구 한 과목만 반영하는 방식으로 바뀌었다면 전년도 입결을 그대로 적용하여 판단할 수 없다.

교과 전형이라고 해서 단순히 내신만으로 결정된다고 생각하면 안 된다. 반영 과목과 과목 수, 수능 최저, 모집 요강의 변화 등에 따라서 매년 결과가 달라질 수 있기 때문에 맥락을 전체적으로 읽을 줄 알아야 한다.

○ 50% 컷과 70% 컷의 간격을 확인해야 한다

입결을 해석할 때 주의깊게 봐야 하는 또 다른 요소는 50% 컷과 70% 컷 사이의 간격이다. 50% 컷과 70% 컷의 학생부 등급 차이를 보면 일반적으로 상위권 대학일수록 그 차이가 거의 벌어지지 않는다. 특히 교과 전형에서는 그런 경향이 더욱 뚜렷하다. 하위권으로 갈수록 50% 컷과 70% 컷의 차이가 전년도 대비 눈에 띄게 벌어지는 학과들이 종종 있는데, 그 차이가 크다면 0%에서 100% 컷 사이에 '강펑크'가 발생했을 가능성도 예측할 수 있다. 즉, 상위 합격자 일부가 다른 대학으로 이동하면서 합격선이 한 번에 내려갔을 수 있다는 것이다.

따라서 그 간격이 얼마나 벌어져 있는지도 교과 전형에서 의미 있게 봐야 하는 포인트다. 해당 학과에서 합격선의 안정성과 지원자 이탈 양상을 가늠할 수 있는 중요한 지표이기 때문이다.

○ 최소 3개 년도의 입결을 비교해봐야 한다

입결을 해석할 때는 작년의 단일 자료만으로 판단하는 것이 아니라 최소한 3개 년도의 입시 결과를 함께 비교해서 봐야 한다. 대학별 평가 방식의 변화, 모집 인원의 증감, 충원율의 변동 같은 요소들이 매년 복합적으로 작용하기 때문이다. 예를 들어 연세대는 교과 성적에서 작년 Z점수가 50% 반영되었지만 올해는 진로 과목의 Z점수가 강화되어 영향력이 강해졌기 때문에 전년도와는 입결이 다를 수밖에 없다.

서강대 학교장 추천 전형을 예시로 살펴보자.

2023학년도 서강대학교의 영문학부 입결이다. 영문학과는 서강대 인문 계열 중에서 중하위권 학과로 모집 인원은 10명, 경쟁률은

서강대 2023학년도 학생부 교과 (고교장 추천)

모집단위		모집 인원 (명)	지원 인원 (명)	경쟁률	합격 인원 (명)	최종 실질 경쟁률	충원율 (%)	최종등록자 교과성적 학생부등급		등급컷 산출 기준
								50% cut	70% cut	
인문	인문학부	14	131	9.36:1	52	1.92:1	271.4	1.62	1.66	기준: 국영수 사과
	영문학부	10	129	12.90:1	31	2.42:1	210.0	1.64	1.65	
	유럽문화학과	6	98	16.33:1	19	3.68:1	216.7	1.70	1.72	
	중국문화학과	4	61	15.25:1	12	3.83:1	200.0	1.87	1.87	
	사회과학부	11	92	8.36:1	53	1.12:1	381.8	1.54	1.58	
	경제학부	18	140	7.78:1	64	1.48:1	255.6	1.53	1.60	
	경영학부	28	191	6.82:1	91	1.48:1	255.0	1.42	1.49	
인문·자연	지식융합미디어학부	14	109	7.79:1	52	1.63:1	271.4	1.51	1.54	
	수학과	6	50	8.33:1	20	1.80:1	233.3	1.69	1.77	

12.9대 1이었다. 50% 컷은 1.64, 70% 컷은 1.65로 거의 차이가 없고, 충원률은 200%가 넘었다. 기준 산출 등급과 기준을 보면 '국어·수학·영어·사회·과학'을 반영했다.

다음으로 2024학년도를 보면 등급과 산출 기준은 동일하게 국어·수학·영어·사회·과학을 반영한다고 되어 있다. 모집 인원도 10명으로 똑같은데 50% 컷은 1.89, 70% 컷은 2.06까지 내려왔다. 같은 해 글로벌한국학부는 50% 컷 3.02, 70% 컷이 4.01이며, 지식

서강대 2024학년도 학생부 교과(지역 균형)

모집단위		모집 인원 (명)	지원 인원 (명)	경쟁률	합격 인원 (명)	최종 실질 경쟁률	충원율 (%)	최종 등록자 석차등급 평균 50% cut	최종 등록자 석차등급 평균 70% cut	등급컷 산출 기준
인문	인문학부	14	102	7.27:1	79	1.05:1	464.3	1.62	1.63	기준: 국영수 사과 실제: 전과목 반영
	영문학부	10	59	5.90:1	47	1.02:1	370.0	1.89	2.06	
	유럽문화학과	6	52	8.67:1	34	1.12:1	466.7	1.62	1.7	
	중국문화학과	4	4	10.00:1	12	2.75:1	200.0	1.61	1.61	
	사회과학부	11	83	7.55:1	73	1.01:1	563.6	1.38	1.42	
	경제학부	18	95	5.28:1	73	1.04:1	305.6	1.45	1.47	
	경영학부	33	131	3.97:1	104	1.00:1	215.2	1.69	1.8	
인문·자연	지식융합미디어학부	7	45	6.43:1	31	1.00:1	342.9	1.92	2.35	
	수학과	6	57	9.50:1	29	1.41:1	383.3	1.61	1.67	

융합미디어학부 역시 2점대 중반까지 합격선이 내려갔다.

서강대 영문학부의 3개 연도 평균 레인지를 보면 50% 컷 기준

으로 1.6에서 1.8 사이인데, 70% 컷이 이만큼 떨어졌다면 100% 컷

은 훨씬 더 낮게 형성되었을 것이다. 사실상 합격선이 무너지며 펑

크가 났다고 해석해야 한다.

그런데 많은 상담 현장에서 이 데이터를 제대로 해석하지 못한

다. 1.5점 학생을 기준으로 "사회과학부 70% 컷은 1.4이니 위험하

서강대 2025학년도 학생부 교과(지역 균형)

모집 단위	모집 인원 (명)	지원 인원 (명)	최초 경쟁률	합격 인원 (명)	최종 실질 경쟁률	충원율 (%)	최종등록자 석차등급 평균 50% cut	최종등록자 석차등급 평균 70% cut	등급컷 산출 기준
인문학부	12	163	13.58:1	86	1.45:1	616.7	1.63	1.66	
영문학부	8	119	14.88:1	44	2.14:1	450.0	1.65	1.68	
유럽문화학과	6	112	18.67:1	22	2.91:1	266.7	1.67	1.67	
중국문화학과	4	65	16.25:1	7	4.00:1	75.0	1.71	1.71	
인문학기반 자유전공학부	10	179	17.90:1	31	3.71:1	210.0	1.61	1.64	기준: 국영수 사과
사회과학부	9	131	14.56:1	64	1.53:1	611.1	1.53	1.68	
경제학과	16	217	13.56:1	73	2.00:1	356.3	1.52	1.63	
경영학부	26	392	15.08:1	152	1.90:1	484.6	1.48	1.5	
글로벌한국학부	3	55	18.33:1	3	5.33:1	0.0	-	-	

고, 영문학과는 2.05으로 0.5만큼 하향이니 충분하다"는 식의 상담이 이루어지는 경우가 있는데 이는 굉장히 위험한 것이다.

다시 2025학년도 입시 결과를 살펴보면 그 이유를 또렷하게 알 수 있다.

모집 인원은 8명으로 2명 줄었고, 50% 컷은 1.65, 70% 컷은 1.68로 다시 원래대로 돌아왔다. 충원율은 450%로 네 바퀴 반이나 돌았다.

결국 영문학과의 적정 레인지는 1.6에서 1.7인데, 2024학년도만 유독 결과가 튄 것이다. 만약 2024학년도 결과만 보고 내가 1.6이니까 하향 지원이라고 생각하고 들어가면 잘못된 결과가 나왔을 것이다. 막연한 기대감에 의존한 채 불나방처럼 뛰어드는 셈이다. 단일 연도 기준으로만 입결을 보고 판단하면 이렇게 위험한 오류가 생긴다.

그래서 3개 연도의 모집 인원의 변화, 충원율의 변화, 입결의 변화를 포괄적으로 봐야 한다. 입결의 정상적인 구간과 예외적인 특정 연도를 함께 봐야 보다 정확한 판단을 할 수 있다.

○ 3개 연도 입결 분석 방법

3개 연도의 입시 결과는 '대학어디가' 사이트에 모두 공개되어 있다. 꼭 가고 싶은 대학 하나를 정해 직접 3개년 입결을 샘플링해보면 분석에 감이 잡힐 것이다. 이때 인문 계열과 자연 계열 중 해당하는 전형과 계열을 나누어 확인해야 한다.

먼저 대학과 계열의 평균 입결 등급 레인지를 확인한다. 해당 대학에 보통 어느 정도 등급대 학생들이 지원하고 합격하는지 알기 위해서 평균 경쟁률, 50% 컷의 평균 등급, 70% 컷의 평균 등급을 각각 구해본다.

다음으로는 학과별 분석을 해야 한다. 학과별로 3개 연도별 평균 등급을 정리한다. 경쟁률, 50% 컷, 70% 컷의 값을 나란히 놓고 그 평균값을 정리하면 학과별로 위계 구조가 드러난다.

마지막으로 학과들의 컷 기준으로 1등부터 최하위를 정렬해본다. 이렇게 2023년, 2024년, 2025년의 3개 연도 자료를 만드는 것이 입결을 해석하기 위한 가장 기본적인 베이스 작업이다.

이렇게 정리해보면 각 학과가 매년 비슷한 위치를 유지하는지, 혹은 변동성이 큰지를 한눈에 볼 수 있을 것이다. 당연히 상위권 학과일수록 상위 입결이 나오고 늘 비슷한 위치를 유지하는데 가끔

상중하위권을 변동성 높게 오가는 학과도 있다. 만약 이 학교의 하위권 학과를 적정으로 지원해야 하는데 특정 연도에 상위권 학과의 입결이 나왔다면, 지원할 때 그 변동성을 반드시 고려해서 수시 6장의 카드를 구성해야 할 것이다.

다음 페이지의 표는 예시로 성균관대의 입결을 2023년부터 2025년까지 나란히 비교한 것이다. 일부 연도가 공란으로 표시된 이유는 그 해에 해당 전형을 실시하지 않았거나, 선발 인원 과소, 혹은 중간에 해당 학과가 신설되면서 전년도의 자료가 없는 등의 예외적인 경우다. 전체적인 숫자의 맥락을 충분히 이해해야 자신의 위치를 바탕으로 합격 확률을 높일 수 있다.

이 정도로 입결을 직접 정리하고 해석할 수 있다면 교과 전형은 학부모와 아이의 분석만으로 충분히 전략적인 접근이 가능하다고 봐도 된다. 아무런 정보 없이 선생님이 쓰라는 대로 쓰겠다는 분들이 있는데, 여러 학생을 두루 챙겨야 하는 선생님보다 우리 아이에게 집중하는 학부모님의 분석이 훨씬 정교할 수 있다. 3년 동안의 준비 과정과 노력이 결실을 맺는 과정인 만큼, 같은 성적이라도 최적의 입시 설계를 통해 최고의 결과를 얻도록 입결을 이해하고 적극 활용해보기를 권한다.

성균관대 2023-2025 3개 연도 학교장 추천 전형 입결 분석

계열	모집단위	2023 ~ 2025 입시결과					
		모집인원			경쟁률		
		2025	2024	2023	2025	2024	2023
공통	글로벌융합학부	10	10	10	14.9	13.9	10.1
공통	자유전공계열	20			13.9		
인문	경영학과	10	10	10	12.5	7.0	14.4
인문	교육학과	5	5	5	11.0	10.2	6.6
인문	국어국문학과	12	12	11	7.3	7.3	5.4
인문	글로벌경영학과	10	12	5	13.8	13.3	10.6
인문	글로벌경제학과	10	10	5	11.2	8.5	10.0
인문	글로벌리더학부	10	10	5	10.7	9.3	10.2
인문	사학과	12	12	11	6.8	5.1	5.5
인문	사회과학계열	17	17	5	13.1	10.9	21.6
인문	사회복지학과	20	20	18	7.6	6.7	6.7
인문	사회학과	20	20	18	9.0	6.3	10.4
인문	심리학과	12	12	11	8.8	5.1	5.6
인문	아동청소년학과	20	20	18	8.8	5.1	7.9
인문	영상학과	5	5	5	6.6	8.0	11.4
인문	유학동양학과	10	10	10	7.7	6.7	7.5
인문	의상학과	5	5	5	7.4	12.4	8.6
인문	인문과학계열	16	17	5	9.0	7.4	15.8
인문	철학과	12	12	11	9.8	6.4	5.6
인문	통계학과	12	12	11	9.7	4.8	8.8
인문	한문교육과	5	5	5	7.4	8.6	7.6
인문	한문학과	20	20	18	8.4	6.8	9.4
		273	256	202	9.78	8.09	9.51

계열	모집단위	최종등록 50%				최종등록 70%			
		2025	2024	2023	평균	2025	2024	2023	평균
공통	글로벌융합학부	1.48	1.51	1.65	1.55	1.61	1.55	1.80	1.65
공통	자유전공계열	1.65			1.65	1.69			1.69
인문	경영학과	1.41	1.38	1.31	1.37	1.48	1.43	1.39	1.43
인문	교육학과	1.82	1.36		1.59	1.97	1.41		1.69
인문	국어국문학과	1.67	1.78	2.00	1.82	1.70	1.80	2.04	1.85
인문	글로벌경영학과	1.51	1.57	1.73	1.60	1.54	1.62	1.99	1.72
인문	글로벌경제학과	1.67	1.61	1.60	1.63	1.71	1.74	1.85	1.77
인문	글로벌리더학부	1.61	1.44	1.57	1.54	1.81	1.57	1.63	1.67
인문	사학과	1.66	1.80	1.78	1.75	1.79	1.88	1.91	1.86
인문	사회과학계열	1.52	1.44	1.44	1.47	1.71	1.46	1.58	1.58
인문	사회복지학과	1.76	1.86	1.99	1.87	1.79	1.91	2.15	1.95
인문	사회학과	1.58	1.57	1.61	1.59	1.66	1.64	1.75	1.68
인문	심리학과	1.73	1.87	1.62	1.74	1.77	2.63	1.69	2.03
인문	아동청소년학과	1.75	1.77	1.84	1.79	1.82	1.85	1.88	1.85
인문	영상학과	1.66	1.59	1.62	1.62	1.86	1.64	1.79	1.76
인문	유학동양학과	1.77	1.79	2.02	1.86	1.84	1.85	2.08	1.92
인문	의상학과	1.78	1.72	2.29	1.93	1.81	1.81	2.40	2.01
인문	인문과학계열	1.62	1.66	1.64	1.64	1.70	1.70	1.72	1.71
인문	철학과	1.80	1.78	1.87	1.82	1.81	1.82	2.03	1.89
인문	통계학과	1.58	1.61	1.59	1.59	1.65	1.71	1.65	1.67
인문	한문교육과	1.82	1.88	1.96	1.89	1.82	1.88	2.13	1.94
인문	한문학과	1.87	1.92	2.02	1.94	1.89	1.97	2.09	1.98
		1.67	1.66	1.76	1.69	1.75	1.76	1.88	1.79

　　　: 입결 상위 학과

　　　: 입결 하위 학과

계열	모집단위	2023 ~ 2025 입시결과					
		모집인원			경쟁률		
		2025	2024	2023	2025	2024	2023
자연	건설환경공학부	0					
자연	건축학과(5년제)	18	16	10	8.6	14.9	17.0
자연	공학계열	38	40	70	14.1	13.3	13.7
자연	글로벌바이오 메디컬공학과	0					
자연	물리학과	7	7	10	8.4	13.1	5.8
자연	바이오신약· 규제과학과	0					
자연	반도체융합공학과	6	6		19.8	12.5	
자연	배터리학과	0					
자연	생명과학과	7	7	10	11.7	15.6	8.4
자연	소프트웨어학과	10	10	10	13.1	12.2	16.1
자연	수학과	7	7	10	9.0	19.4	5.9
자연	수학교육과	5	5	5	6.0	8.0	6.6
자연	에너지학과	6	6		19.2	13.7	
자연	자연과학계열	16	20	23	12.3	17.3	12.4
자연	전자전기공학부	10	10	5	15.8	24.7	11.2
자연	컴퓨터교육과	5	5	5	11.6	12.0	9.2
자연	화학과	7	7	10	9.7	13.7	8.1
		142	146	168	12.26	14.65	10.40

계열	모집단위	최종등록 50%				최종등록 70%			
		2025	2024	2023	평균	2025	2024	2023	평균
자연	건설환경공학부								
자연	건축학과(5년제)	1.78	1.74	1.96	1.83	1.79	1.76	2.01	1.85
자연	공학계열	1.49	1.54	1.58	1.54	1.52	1.56	1.65	1.58
자연	글로벌바이오 메디컬공학과								
자연	물리학과	1.71	1.61	1.91	1.74	1.72	1.65	1.99	1.79
자연	바이오신약· 규제과학과								
자연	반도체융합공학과	1.65	1.69		1.67	1.70	1.80		1.75
자연	배터리학과								
자연	생명과학과	1.45	1.48	1.63	1.52	1.54	1.50	1.76	1.60
자연	소프트웨어학과	1.51	1.52	1.47	1.50	1.55	1.55	1.61	1.57
자연	수학과	1.58	1.55	1.95	1.69	1.60	1.61	2.04	1.75
자연	수학교육과	1.65	1.32	1.50	1.49	1.74	1.44	1.55	1.58
자연	에너지학과	1.66	1.86		1.76	1.66	1.89		1.78
자연	자연과학계열	1.47	1.50	1.59	1.52	1.50	1.52	1.63	1.55
자연	전자전기공학부	1.52	1.46	1.65	1.54	1.52	1.46	1.85	1.61
자연	컴퓨터교육과	1.61	1.67	1.82	1.70	1.65	1.68	1.89	1.74
자연	화학과	1.50	1.57	1.70	1.59	1.51	1.59	1.73	1.61
		1.58	1.58	1.71	1.62	1.62	1.62	1.79	1.67

: 입결 상위 학과
: 입결 하위 학과

학생부 종합 전형에서
합격 기준선 잡기

교과 전형은 명확한 수치가 있기 때문에 입결을 바탕으로 분석하여 학부모가 전략을 세우는 것도 충분히 가능하지만, 학생부 종합 전형의 경우는 등급만으로 단순하게 판단하는 것이 아니라서 합격 가능성을 가늠하기 어려울 수 있다.

특히 학생부 종합 전형의 입시 결과에서 나오는 교과 성적은 기본적으로 일반고·특목고·자사고 등이 모두 섞인 상태로 50% 컷과 70% 컷이 나온다. 그래서 이 수치를 그대로 일반고 학생에게 적용하면 해석에 오류가 발생하게 된다. 일반고 합격 비중을 감안해 수치를 보정해보면 학교에 따라 50% 컷보다 조금 더 안쪽으로 합격선이 형성되기도 하고, 50%와 70%의 중간 정도 레인지가 되기도 한다.

특목고와 자사고의 합격 비율이 높은 대학일수록 50% 컷과 70% 컷 안에 일반고 합격자의 비중은 50%가 채 되지 않는 경우가 많다. 대표적으로 서연고, 서성한 라인의 연세대 활동우수형, 고려대 학업우수형은 일반고 합격 비율이 약 60% 수준으로 그나마 최고치지만 나머지는 대부분 50%이거나 그 미만이다. 서강대 일반 전형, 한양대 서류형, 성균관대 탐구형 인재·과학인재 전형 등이 모두 마찬가지다. 따라서 입결 자료를 볼 때는 50% 컷을 그대로 일반고 기준으로 해석하는 것이 아니라 조금 더 여유를 두고 봐야 한다.

어느 정도 기준을 잡아보자면 서성한 이내의 입결 50% 컷을 일반고 기준으로 보정했을 때는 하위 78%가 넘어간다. 50% 컷이라고 하더라도 '적정'보다 조금 더 뒤쪽에 위치한 경우가 많다. 기본적으로 50% 컷을 기준으로 삼더라도 비교적 보수적인 해석이 필요하다.

반면 이중경외시와 건동홍숙 라인으로 내려오면 일반고 합격 비율이 약 70%대로 형성되어 있다. 중앙대, 경희대, 서울시립대 등의 대학에서는 50% 컷 부근이 실제 적정 내신 정도라고 보아도 무리가 없다.

일반고 합격 비율이 80% 이상에 있는 대학들도 있다. 대표적으로 이화여대, 홍익대, 건대, 동국대 같은 학교들이 이에 속하는데, 이 경우 50% 컷과 70% 컷의 사이쯤이 일반고의 적정 내신 구간이 된다. 70% 컷이라고 하더라도 일반고 기준으로 환산하면 대략적으로 한 79% 정도 컷에 해당하기 때문에 이 라인에서는 50~70% 컷의 중간 정도나 70% 컷에 근접한 수치로 내신 레인지를 설정하는 것이 가장 현실적인 합격 구간이다.

국숭세단부터는 숭실대나 서울과기대, 광운대, 외고·국제고 비율이 높은 가톨릭대나 한양대 에리카 정도를 제외하면 95% 이상 일반고에서 합격한다. 70% 컷에서도 대부분 일반고 학생들로 구성되어 있기 때문에 70% 컷에서 조금 여유를 두고 지원해도 내신 때문에 탈락할 가능성이 크지 않다. 여기에서 특목자사 비중이 높을 것이라고 생각하고 50% 컷까지 보수적으로 접근하면 오히려 점수가 많이 남는다. 대신 내신이 아니라 생기부의 질에 따라서 합불이 결정될 수 있다는 점은 감안해야 한다.

특목고와 자사고의 경우는 학교마다 편차가 워낙 크기 때문에 하나의 기준을 제시하기는 조금 어렵다. 같은 외고라고 해도 어떤 학교는 70% 컷보다 훨씬 뒤에서 입결을 해석해야 하는 경우도 있고, 또 일반고와 유사하게 나타나는 경우도 있다. 다만 기본적으로 수도권에 위치한 중위권 수준의 특목자사고라면 대체로 70% 컷보다 여유가 있다고 보면 적절할 것이다.

내신도 중요하지만 학생부 종합 전형은 학생부 전반의 활동 내용을 전반적으로 판단하기 때문에 정량적으로 해석하기보다는 구체적인 사례를 바탕으로 어느 정도 기준점을 가늠해보자.

○ 사례 1 : 서울 소재 일반고 고2 학생

Q. 서울 소재 일반고에 재학 중인 고2 학생으로, 2학년 2학기까지 전 교과 기준의 내신 성적은 3.17이다. 3학년 2학기 성적에서는 화법과작문·영어독해와작문·미적분은 5등급, 한국사통합·생활과윤리는 2등급을 받았다. 표준 편차는 15에서 25 수준으로 비교적 크고, 과학 과목의 경우에는 수강 인원이 40~50명 이내로 적은 편이다.

입학 사정관들은 과학 과목의 수강자 수, 특히 물리의 수강자 수로 해당 학교가 문과 중심 학교인지 이과 중심 학교인지를 판단하기도 하는데 이 정도 수강 인원이라면 기본적으로 문과 중심 학교로 인식될 가능성이 높다.

성적을 살펴보면 전 교과 3.17이지만 국영수사는 3.0이고 국수영과는 3.13 정도로 고르게 분포해 있다. 학종에서는 동일한 등급 대비 쓰고자 하는 학과와 관련된 과목이 유리하면 정교과를 좀 더 보완할 수 있는 진로 역량을 가지고 있다고 볼 수 있는데, 이 학생의 경우는 희망 전공이 기계공학·항공우주 계열이다. 핵심 과목 또는 진로 관련 교과목으로는 수학 I·II, 물리 I·II다. 이 진로 과목의 등급이 높으면 유리하겠지만 현재는 학업 역량 대비 진로 역량의 교과목을 높게 평가받기는 어려운 구조다.

현재 수시 카드로 고려 중인 대학은 가천대, 경기대, 명지대, 충북대, 경상대이며, 안정 하향권까지 교과 전형으로 쓸 생각을 하고 있는 상황이다.

A. 이 학생은 교과 전형과 종합 전형을 반드시 혼합해서 써야 하는 유형이다. 동일 등급대 대비 수학과 과학이 더 우수하다고 보기는 어렵기 때문에, 종합 전형에서 진로 역량을 강하게 어필하기가 쉽지 않다.

가장 1순위이자 상향 카드로 지망하는 곳이 가천대이니 입시 결과를 한번 살펴보자. 가천대 학생부 종합 전형(가천바람개비)의 경우 기계공학과 70% 컷이 4.11로 나와 있다. 특목고, 자사고 지원자가 많아서 입결이 낮아진 건 아닌지 걱정하시는 분들도 있는데, 최근 2023, 2024, 2025년은 기본적으로 일반고와 자공고 합격 비율이 93~94% 사이다. 그러니까 대부분 일반고에서 학종으로 합격하는 구조라고 보면 된다. 다만 생기부에 거의 임팩트가 없는 경우 2.8~2.9 정도의 내신이 필요하고, 생기부가 적정 수준이라면 3.1 정도로도 합격에는 큰 문제가 없을 것으로 보인다. 즉 생기부의 수준에 따라서 합불이 갈릴 수 있는 점수대다. 교과 전형으로 안정권은 아니기 때문에, 만약 한 장만 지원한다고 했을 때 생기부가 적정 수준이라면 종합 전형을 고려해보는 것도 좋을 듯하다.

종합으로 지원할 때는 물리 성적도 중요하다. 기계공학과는 기본적으로 역학이기 때문에 다른 계열보다 물리를 잘하면 유리하다. 이 학생의 경우는 물리Ⅰ 수강 인원 39명에 5등급, 원점수는 50점을 받았다. 만약 물리가 70점대 중후반 이상의 원점수라면 수강 인원이 적으니 5등급이어도 해석의 여지가 있지만, 원점수 자체도 낮기 때문에 물리 점수가 감점 요인이 되는 것은 사실이다.

결과적으로 내신에 약점이 있는 만큼 생기부가 상당히 좋아야 한다. 생기부와 비교과가 보완이 가능한 수준인지 점검해 보고 학종을 지원할지 결정하는 것을 권한다.

○ 사례 2 : 경기 일반고 과학중점학교 고2 학생

Q. 인문 계열 학생으로 현 내신 성적은 전 과목 기준 2.13등급 이다. 국수영사 1.91, 국수영과 2.19, 국수영사과 2.11로 전 과목보다는 국수영사 내신이 조금 더 높은 편이다. 수학과 과학 과목이 조금씩 우상향하고 있다.

희망 수시 카드를 보면 중앙대 심리학과 융합형 인재, 한국외 대 행정학과 학교장 추천, 이화여대 심리학과 미래 인재, 건 대 자유전공학부 교과 또는 학종, 홍익대 사회계열학과-미 정 학교장 추천 전형 교과를 고려하고 있는 상황이다.

A. 해당 지역에서 내신 경쟁이 치열하고, 생기부의 수준도 나쁘 지 않은 학교다. 이러한 환경을 감안하고 성적을 살펴보면 특 히 수학 성적이 2학년 1학기 1.67, 2학년 2학기 1.67로 우수 한 편이기 때문에 사회학과 계열에서 심리학과나 미디어학과 에 지원하기 유리한 구조다. 사회 과목도 2학년 1학기와 2학

기 모두 1.0으로, 전 과목 평균에 비해 수학과 사회의 상향 곡선이 두드러지는 케이스다. 이 경우 동일 등급대만 기준으로 교과를 쓰기에는 아쉽고, 등급의 구조를 감안하여 학종을 전략적으로 지원하는 것이 더 좋아 보인다.

희망하는 카드 중 중앙대 심리학과 종합, 한국외대 종합 전형이 포함되어 있는데 외대 교과 전형은 교과 반영 기준이 국수영사에서 국수영사과로 바뀌었으니 2025학년도 입결을 그대로 보면 안 된다는 점을 주의해야 한다. 더불어 최근에는 원점수가 높은 외고 학생들이 외대 교과에 지원하는 경우가 늘어나고 있어서 일반고 학생은 오히려 종합을 노려보는 것이 유리한 카드가 될 수 있다. 즉 학생부의 완성도를 고려해서 교과 전형과 종합 전형의 서류형 중에 어떤 쪽이 유리할지 고민해보기를 권한다.

또 건대 자유전공학부의 경우에는 교과 전형으로 지원한다면 상향인데, 생기부가 좋으면 0.2 정도가 플러스되고 반대의 경우에는 그만큼 감점 요인이 될 수 있다. 생기부에서 0.2 정도의 가산을 받을 수 있다면 적정에서 소신 사이, 현 등급만으로는 약간 상향 지원이라는 식의 현 위치를 인지하고 전략을 세워야 할 것이다.

희망 수시 카드는 대부분 심리학과를 염두에 두고 있지만 사회 과목 중에서 생활과 윤리, 윤리와 사상 과목을 이수했으며 해당 과목들의 성적이 좋다면, 철학과에 안정적으로 지원해보는 것도 나쁘지 않은 선택이다. 대학에서 복수전공을 해도 되기 때문에 무조건 심리학과를 고집하는 것보다 학교를 높이는 전략으로 접근해보는 것도 고민해볼 만하다.

수시 지원 전 필수!
나에게 맞는 대학 찾는 법

고등학교 3년을 보내면서 내신과 다양한 프로그램 등 최선을 다해 임했다면 입시는 그 결실을 맺는 관문이다. 같은 성적과 활동이라도 얼마나 정확한 분석과 치밀한 전략을 짜느냐에 따라서 그 결실도 달라질 수 있다. 점점 복잡해지는 입시 환경 속에서 아이의 강점을 최대한 부각시키기 위한 단계적인 설계가 필요하다. 수시 지원 전략은 크게 4단계의 프로세스로 나눠볼 수 있다.

수시 지원의 첫 단계는 최소 3회 이상의 모의고사 성적을 바탕으로 평균과 표준 편차를 확인하여 우리 아이가 정시가 가능한지, 가능하다면 어느 수준의 라인이 잡히는지를 찾는 것이다. 교과 내신부터 보는 것이 아니라 모의고사 성적을 확인해야 한다. 정시가 어느 정도 가능한 학생이라면 정시 라인을 기준으로 삼아 수시를 어느 라인까지 써야 할지 가늠할 수 있고, 정시가 상대적으로 약하다면 수시로 마무리하기 위해서 안정·하향 배치를 설계할 수 있다. 즉 정시가 주전형이 아니더라도 모의고사 평균과 편차를 보면서 수시 6장의 방향성을 잡는 것이다.

다음 단계로는 내신을 기준으로 교과 전형과 학종 전형에서 각각 지원 가능한 라인을 확인하는 것이다. 교과 전형은 3개 연도 입결의 50% 컷과 70% 컷 등의 데이터를 바탕으로 점검하는 방법만 이해하면 하루이틀만 시간을 들여도 충분히 분석 가능하다. 학생부 종합 전형은 조금 더 까다롭지만 그렇다고 막연하게 운에 맡길 정도는 아니다. 앞서 다루었듯이 학교의 특성과 내신, 50% 컷과 70% 컷의 보정된 수치 등을 고려하여 어느 정도 기준점을 잡아보면 된다.

교과와 학종 전형 각각의 레인지를 잡았다면 이제 다음 단계로 넘어간다. 아이의 주·부전형에 학종이 포함된다면 당연히 생기부의 상태를 점검해야 할 것이다. 이때 보통 사례로 접하게 되는 '우수 생기부'를 가진 학생들은 대부분 내신이 1, 2등급으로 서연고나 중경외시 이상에 합격하는 수준이다. 그런데 생기부의 기본 수준이 이 정도는 되어야 한다고 자체적으로 판단하는 경우가 많다. 생기부 기준이 높지 않은 대학을 지원하면서도 상위권 대학이나 메디컬 계열의 생기부를 기준으로 지레 학종을 포기하는 것이다.

하지만 실질적으로 보통 2등급 중후반부터 3등급대 학생들의 적정 생기부는 나열식이 대부분이다. 나열식이라 하더라도 내가 얼마나 적극적으로 활동에 참여했는지 드러나면 된다. 구체성이나 심화도가 조금 떨어져도 내가 학종을 위해서 매우 열심히, 적극적으로 했다는 흔적이 보이는 것이 중요하다. 특히 홍익대나 국숭세단 라인부터는 심화도보다 활동의 적극성을 보여주고, 내신이 적정 레인지에 있다면 충분히 합격할 수 있다.

물론 특목자사고와 경쟁해야 하는 상위권으로 갈수록 일반고의 생기부의 질은 무척 중요하며 내신만으로는 극복하기 어렵다. 하지만 모든 대학이 생기부에 대해 같은 기준을 가지고 있는 건 아니라는 것이다. 어떤 라인의 대학을 지원하느냐에 따라 다르기 때문에, 우수 생기부만을 기준으로 아이의 생기부를 판단할 필요는 없다.

마지막 단계는 올해 전형별로 입시 요강을 살펴보고 변수를 확인하는 것이다. 모집 인원이나 수능 최저 기준의 변화, 면접 일정 등 올해 전형상 어떤 변화가 있었는지 살펴보고, 이러한 변화가 입결의 상승 요인인지 하향 요인인지 점검해봐야 한다. 면접 일정의 중복 여부에 따라 원서 조합을 조정해야 할 수도 있다. 이 단계는 보통 고3 7월 중하순부터 점검하면 충분하다. 그 전까지는 1~3단계를 통해 수시 지원 전 나에게 맞는 대학을 찾는 과정을 거치면 된다.

최종 수시
마스터 플랜

수시 지원의 최종 단계는 앞서 다룬 1단계에서 4단계 프로세스를 구체적으로 정리하며 나만의 마스터 플랜을 세워보는 것이다. 아이의 프로파일, 3개 연도의 입결, 작년 대비 올해의 전형 분석, 비슷한 등급대의 선배들은 어떻게 원서를 쓰고 합격했는지 등의 자료를 한눈에 볼 수 있도록 정리하여 활용하면 수시 지원에 대한 판단이 명확해질 수 있다.

구체적인 사례를 통해 마스터 플랜을 작성해 보자. 일반고 과학 중점학교에 재학 중인 3학년 이공계열 학생으로, 총 내신은 3.02다. 이과 전체 인원은 약 130명 내외로 비교적 소규모 학교에 속한다.

일반고 내신 3.02 수시카드

[학교]

경기도 소재 / 일반고(과학중점학교) / 3학년

(학교 전체 인원 130명 정도로 적은 편)

[내신]

1-1 : 2.24 / 1-2 : 2.70 / 2-1 : 3.46 / 2-2 : 3.33 / 3-1 : 3.75 /

총 내신 : 3.02

[전학기 과목별 내신]

국어 : 2.47 / 수학 : 2.95 / 영어 : 2.75

사회 : 2.20 / 과학 : 3.84

국수영사과 : 3.00 / 국수영사 : 2.63 / 국수영과 : 3.13

내신은 1학년 1학기 때부터 3학년 1학기 때까지 다소 우하향하는 곡선을 가지고 있는데, 전반적으로는 3.0 수준의 내신 성적으로 보면 된다.

과학중점학교의 특성상 일반고에서 과학 과목을 선택하는 것과는 평가 기준이 조금 다르다. 이수하는 과학 과목이 많기 때문에 과학 내신이 다소 낮더라도 난이도를 고려하여 인정받는 경향이 있다. 특히 물화생과 물화생지 선택자를 동일한 기준으로 단순 비교하지는 않는다.

다만 이 사례의 경우 학생부 종합 전형을 쓴다고 하면 아무래도 수학과 과학 점수가 높은 편이 유리한데, 과학중점고등학교라는 점을 감안해도 과학 등급이 뚜렷한 강점이 되기는 어려운 수준이다.

이런 경우, 만약에 희망 학과가 이과 계열과 무관하다면 국수영사를 반영하는 문과 계열의 교과 전형을 지원하면 학교를 높일 때 조금 더 유리하다. 국수영사와 국수영과의 내신 편차가 비교적 큰

일반고 내신 3.02 수시카드

[3월 모의고사]

국어(언매) : 3등급 / 수학(미적) : 4등급 / 영어 : 4등급 /
생활과 윤리 : 3등급 / 지구과학 : 5등급

[6월 모의고사]

국어(언매) : 2등급 / 수학(미적) : 3등급 / 영어 : 2등급 /
생활과 윤리 : 4등급 / 생명과학 : 6등급

[7월 모의고사]

국어(언매) : 2등급 / 수학(미적) : 3등급 / 영어 : 4등급 /
생활과 윤리 : 6등급 / 사회문화 : 7등급

편이기 때문에, 교과 전형 지원 시 사회 과목이 통합사회와 한국사 정도만 포함되어도 교과 전형을 배제할 필요 없이 함께 고려해볼 만한 상황이다.

사실 일반고 기준 2.5에서 3.1대 내신은 실제 상담 현장에서 학부모와 학생 모두가 가장 라인 설정에 어려움을 느끼는 애매한 구간이기도 하다. 상향과 안정의 기준을 어디에 두어야 할지 판단하기가 쉽지 않기 때문이다.

모의고사 성적을 살펴보면 국어는 2, 3등급, 수학은 3, 4등급, 영어는 2에서 4등급, 탐구는 3에서 6, 7 사이 정도 등급에 있다. 6, 7월 모의고사로 판단하자면 정시를 고려한 수능 최저 수시 전략보다는 수시로 최대한 마무리하고자 하는 전략을 가지고 있는 학생이라고 예측된다.

희망 수시 카드를 보면 교과 전형은 삼육대 환경디자인원예학과, 경기대 사회에너지시스템, 인천대, 가천대 스마트시티나 도시계획 조경 중 하나, 그리고 학생부 종합 전형은 인천대 환경공학과, 가톨릭대 에너지환경공학과를 희망하고 있다. 1학년에서 3학년까지 환경공학으로 생기부를 채웠고, 이중 1지망은 인천대 환경공학과라고 한다. 희망하는 수시 카드의 상향 적정, 안정 하향 카드가 적절한 수준일까?

내신 3.02 희망 수시카드

[교과]

삼육대(학교 추천 전형) : 환경디자인원예학과

경기대(학교 추천 전형) : 사회에너지시스템공학과

인천대(교과 성적 우수 or 지역 균형) : 건설환경공학전공

가천대(학생부 우수) : 스마트시티학과

가천대(학생부 우수) : 도시계획-조경학부

[학종]

인천대(자기 추천) : 환경공학과

가톨릭대(잠재 능력 우수자 면접형) : 에너지환경공학과

일단 이 학생이 재학 중인 학교는 생기부가 매우 우수하지도 않지만 학종을 시도하지 못할 만큼 약하지도 않은 수준이다. 같은 3.0대 내신이라 하더라도 재학 중인 학교의 성격과 학생부 관리 수준에 따라 합격 가능성은 달라질 수 있는데, 이 학교의 생기부 수준은 일반고 기준으로 국민대·숭실대 하위권부터는 다소 상향 지원이고 세종대부터는 적정 지원으로 볼 수 있다.

같은 과학중점학교라고 해도 내신의 경쟁 정도가 다르지만, 이 경우는 과학중점학교로서의 특성을 인정받을 만한 평균과 편차를

가지고 있다는 전제로 살펴보자.

○ 프로파일 작성

아래 표는 마스터 플랜의 템플릿 양식이다. 내신, 모의고사, 생기부 평가를 비롯하여 다양한 탐구 활동까지 빈칸을 채우면서 먼저 아이의 현 위치를 객관적으로 들여다봐야 한다.

해당 사례에서 우선 내신 성적은 3.02다. 여기에 참고 지표로 국·수·영·사 2.6, 국·수·영·과 3.2 점수를 추가로 적어봐도 된

한 장으로 정리해보기

내신 성적	3.02	모의고사	80%	생기부 평가	중

1. 생기부 평가

학년별 생기부 평가					
	1-1	1-2	2-1	2-2	3-1
진로적합성	X	O	O	X	O
생기부 세특	X	O	O	O	O
비교과 부분	X	O	O	O	O

2. 특징분석

나의 특징 확인					
	고등학교 유형	내신 반영	면접	최저	특별 전형
특징	일반고	3.02	중	2합7	X

다. 모의고사는 평균 대비 표준 편차가 큰 편이기 때문에 정시 기준으로는 누적 백분위가 72% 이하로 내려갈 가능성이 높다. 따라서 수시 비중이 클 수밖에 없는데, 생기부는 '중간 수준'이라고 작성했다.

중간이라면 일반고 기준으로 내신이 적정 레인지에 해당하는 학교를 지원했을 때 합격할 수도 있고 불합격할 수도 있는 수준이다. 내신이 3점대 초반에 생기부 평가가 '중간' 정도라면 보통 학생부 종합 전형을 4개 정도 지원하는 전략을 취하는데, 만약 생기부 평가가 '하'라면 교과 전형의 비중을 높여야 한다.

1) 생기부 평가

학기별로 구체적인 생기부 평가를 보면 1학년 2학기 때부터 학종을 염두에 두고 매우 열심히 활동을 했다고 보인다. 이러한 적극적인 기록이 있다면 설령 나열식 생기부라고 해도, 본인이 지망하는 수시 카드에 해당된 학교 라인에 대해서는 충분한 역량을 가지고 있다고 판단할 수 있다.

2) 특징 분석

수능 최저는 2합 7을 충족할 수 있다는 판단이므로, 최저 기준이 2합 6에서 2합 8 사이에 있는 레인지의 대학을 중점으로 전략을 세워야 한다.

3) 수시 카드

희망하는 대학별로 2~3개 연도의 70% 컷 내신을 기재한다. 여기에 한 칸을 더 만들어 3개 연도의 평균 컷을 하나 더 기재해도 좋다. 이렇게 정리한 마스터 플랜을 통해서 평균 대비 작년 입결이 어땠는지 체크하고 상향인지 안정 하향인지 등을 판단해야 한다.

이 사례의 경우 경기대나 가천대는 3년 평균 대비 작년의 입결이 낮기 때문에 이것만 보고 하향 카드로 지원하기에는 위험하다. 이런 식으로 희망 수시 카드에 교과 전형이 적절하게 들어갔는

희망 수시카드

	대학	학과	전형	내신	경쟁률
1	인천대학교	환경공학과	학종-자기추천형		22.38
2	인천대학교	건설환경공학전공	교과 교과성적우수자 or 지역균형	3.15/3.12	9.4/7.67
3	삼육대	환경디자인원예학과	교과-학교장추천	4.14/4.69/4.35	9.43
4	경기대	사회에너지 시스템공학과	교과-학교장추천	3.63/3.26/3.08	16.71
5	가천대	도시계획-조경학부	교과 학생부우수자	3.73/2.94/3.56	9
6	가천대	스마트시티학과	교과 학생부우수자	3.76/2.80/3.44	6.4

지 확인해보면 된다.

4) 정시 성적

모의고사 3회차를 나란히 두고 보면 국어는 92에서 84까지, 수학도 68에서 78, 탐구도 80에서 62, 30에서 32 등 편차가 너무 크다. 6월, 9월 모의고사를 치르지 않는 재수생들이 작년에 7만 2천 명이었다. 6월과 9월 모의고사에서 편차가 작아도 7만 명 정도의 재수생들이 수능에 응시하면 2.5%에서 3% 정도는 자연적으로 떨어질 수밖에 없기 때문에 이 정도로 편차가 크면 정시 라인을 예측하기가 어렵다. 미니멈 점수보다 낮게 나올 수밖에 없는 구조라고

6월 모의고사

	한국사	국어	수학	영어	탐구1	탐구2
선택과목	-	언어와 매체	미적분		생활과 윤리	생명과학1
백분위	-	92	78		62	32
등급	1	2	3	2	4	6

9월 모의고사(예측)

	한국사	국어	수학	영어	탐구1	탐구2수학
선택과목	-	언어와 매체	미적분		생활과 윤리	사회문화
백분위	90	74		78	32	

봐야 하기에 정시는 조금 애매한 상황이다.

5) 핵심 탐구 활동(기타 탐구 활동)

1학년 때부터 '공기정화 식물의 종류에 따른 실내 공기 청정도 변화'를 탐구했고, '환경 오염으로 인한 녹지 공간과 해수면', '하디 바인베르크 법칙', '실생활에 적응하는 생명체' 등 주제만으로도 환경에 대한 관심이 드러난다.

비교과에서도 '저온성 젖산균 스타터가 김치 발효에 미치는 영

5. 핵심 탐구 활동 (기타 탐구 활동)

1학년 교과		
학기	과목	탐구 주제 제목
1학년	통합사회	포용적이고 안전하며 회복력있고 지속가능한 도시와 주거지 조성
	통합과학	신재생에너지와 ESG경영
	과학탐구실험	공기정화 식물의 종류에 따른 실내 공기청정도 변화
	정보	환경리스트 앱 기획
	미술감상과 비평	과거와 현재의 지구 분석, 환경 오염으로 인한 녹지 공간과 해수면의 상승, 우리의 노력
	국어	타인에게 무관심한 현대인 감상문 작성(벽(김기택)을 읽고)
	수학	'하디바인베르크 법칙' 관련 학자들에 대한 조사
	영어	오늘의 선생님 활동-'실내생활에 적응하는 생명체' 지문을 선택하여 발표
	한국사	논쟁식 수업- 식민지배를 정당화한 일제 과학자들의 해부학, 혈액형 연구 비판

1학년 비교과		
학기	과목	탐구 주제 제목
1학년	진로	과학토크콘서트-지구의 하늘, 우리의 건강
	학교자율과정 - 전공쟁점토	지속가능한 삶- 우리의 적정기술
	진로	과학토크콘서트-살생물제도의 소개 및 지속가능한 안전 사용
	진로	사제동행 독서토론-저온성 젖산균 스타터가 김치발효에 미치는 영향
	동아리	기후변화 협상 게임-환경적 원조의 필요성 주장
	자율	수학캠프-'아르키메데스 나선 탐구'에서의 오류와 개선점
	자율	사제동행- 다양한 생물과의 공존

향', '환경적 원조의 필요성' 등 1학년 때부터 3학년 때까지 쭉 환경에 대한 관심을 매우 일관되게 보여주고 있다.

이처럼 설령 주제만 나열되어 있어도 이 학생이 언제부터 어느 정도 깊이를 가지고 탐구를 했는지 어느 정도는 보이기 마련이다. 특히 과중이다 보니 탐구 주제가 보통 일반고보다는 확실히 잘 나오는 구조도 보인다. 키워드가 좋기 때문에 국숭세단 라인에서는 내신이 애매해도 지원해볼 만한 상황이다.

6) 생기부 자기진단 평가

생기부 평가 요소에 해당하는 공동체 역량은 사실상 학업 역량이나 진로 적합성, 자기 주도성에 비하면 최하점과 최고점의 차이가 크지 않다. 그래서 공동체 역량의 매우 중요한 메디컬 계열이나 상경 계열이 아닌 공학 계열에서는 이 점수가 다소 낮다고 해도 큰 문제가 되지 않는다.

한 가지 알아두면 좋은 팁은 학생부 종합 전형에서도 서류형 전형이 비교적 학업 역량의 비중이 높다는 것이다. 보통 30~35% 정도를 반영하는데 개중에는 40~45% 이상 반영하는 대학들도 있

생기부 자기진단 평가

평가요소	세부 평가항목	자가진단 질문	평가
학업 역량	학업성취도	주요 과목의 등급, 성취도, 표준편차 등은 적절한가?	3
	탐구 역량	수업 참여, 발표, 과제 수행 등에서의 적극성과 꾸준함이 드러나는가?	3
	학업 태도	교과 기반의 심화 탐구(보고서, 실험, 발표 등)가 존재하고 주도성이 드러나는가?	3
진로 정합성	전공 연계 교과 선택	진로와 관련된 과목을 스스로 선택하고 연계 학습을 시도했는가?	3
	전공 연계 성취도	진로 관련 교과목에서의 성취 수준과 태도가 일정하거나 우수한가?	2
	진로탐색 활동	관련 직업군 탐색, 인터뷰, 자율주제 탐구, 진로독서 등 진로 활동이 구체적으로 나타나는가?	3
자기 주도성	기록의 충실성	창의적 체험활동이나 자율활동의 기록이 구체적이고, 실제 활동 내용이 드러나는가?	3
	자기주도 탐색	자발적으로 계획·실행한 활동(ex. 자율동아리, 소논문 등)이 존재하는가?	3

다. 그래서 내신 점수는 좋은데 생기부 수준이 애매하다면 학업 역량 비중이 높은 서류형을 우선으로 고려하는 것이 좋다.

반면 면접형 전형은 진로 역량의 비중이 상대적으로 높은 패턴을 가지고 있는 경향이 있다. 중경외시부터 국숭세단, 광명상가 라인까지 보통 진로 역량이 30~40% 정도 반영되는데, 전형에 따라 45~50% 정도의 진로 역량 점수가 반영되는 경우도 있다. 이러한 전형은 내신이 조금 부족해도 생기부의 적극성이나 깊이가 있다면 극복할 수 있다고 해석하면 된다.

대표적으로 숭실대 SSU 미래 인재 전형, 국민대 국민 프론티어 전형, 세종대 면접형, 광운대 면접형, 과기대 면접형 등이 해당된다. 이와 같은 전형은 내신이 조금 더 높다고 해서 합격하는 것이 아니기 때문에 반영되는 점수의 비중을 잘 확인해야 한다. 즉 생기부에 대한 진단을 바탕으로 어떤 대학의 어떤 전형이 더 유리할 것인지 따져보는 것이 중요하다.

7) 지원 희망하는 수시카드 다시 확인하기

각 항목에 대한 점검을 바탕으로 희망하는 수시 카드를 다시 확인해보면, 학생 본인은 1번과 7번이 상향이고 나머지는 적정으로 판단했다. 컨설턴트의 관점에서 보면 1번 인천대학교는 안정으로

지원 희망하는 수시카드 다시 확인하기

	대학교	전형	학과	면접 유무	판단
		희망하는 수시카드			
1	인천대학교	학종 (자기추천)	환경공학과	O	상향
2	인천대학교	교과 (교과성적우수 지균)	건설환경공학전공	X	적정
3	삼육대	교과 (학추)	환경디자인원예학과	X	적정
4	경기대	교과 (학주)	사회에너지시스템공학과	X	적정
5	가천대	교과 (학생부우수)	도시계획-조경학부	X	적정
6	가천대	교과 (학생부우수)	스마트시티학과	X	적정
7	가톨릭대	학종 (잠재능력우수자 면접형)	에너지환경공학과	X	상향

판단해도 되고, 7번 가톨릭대는 적정과 안정의 경계 정도로 보인
다. 반드시 수시로 합격해야 하는 케이스이기 때문에 경기대나 가
천대를 하향으로 섞어 쓰면서 광운대와 세종대의 면접형을 상향으
로 쓰는 것도 고려해보기를 권장한다.

○ 실전 참고해 작성하기

마스터 플랜을 채워가는 과정에서 실제로 어떻게 수시 카드의 입결 자료를 만들어 참고해야 하는지 구체적인 방법도 살펴보자. 예를 들어 '인천대학교'를 지망한다고 하면 3개 연도 경쟁률, 3개 연도 추가 합격, 3개 연도 50% 컷, 3개 연도 70% 컷을 엑셀 칸에 나란히 정리해본다. 이렇게 해서 교과 전형과 학생부 종합 전형의 레인지를 한눈에 살펴보는 것이다.

그중 환경공학과와 건설환경공학과의 교과 전형과 학생부 종합

대학	유형		계열	2026 모집 인원	증감	최종등록 50%			최종등록 70%		
						2025	2024	2023	2025	2024	2023
인천대	교과	교과성적 우수자	자연	도시환경공학부 건설환경공학전공	10	0	3.01	3.21		3.12	3.15	
인천대	교과	교과성적 우수자	자연	도시환경공학부 환경공학전공	5	0	2.85	3.10		3.00	3.07	
인천대	교과	지역균형	자연	도시환경공학부 건설환경공학전공	6	0	3.13	3.00		3.12	2.96	
인천대	교과	지역균형	자연	도시환경공학부 환경공학전공	3	0	2.63	2.93		2.63	3.05	
인천대	종합	자기추천	자연	도시환경공학부 건설환경공학전공	15	0	3.98	4.10				
인천대	종합	자기추천	자연	도시환경공학부 환경공학전공	8	0	3.28	3.65	3.32			

전형에 대한 정보는 아래와 같이 정리된다.

이때 교과 전형의 건설환경공학전공 항목은 2023년의 수치가 없는데, 이 해에는 50% 컷과 70% 컷이 아니라 평균과 최저 점수가 공개되었다.

대학	내용	2023	2024	2025
인천대	종합전형 등급컷	평균/최저	최종등록자 평균	

이러한 특이사항은 별도 차트를 만들어 체크해두고, 일단 2개 년도의 평균을 확인하여 올해와 비교해보면 된다.

건설환경공학이나 환경공학과의 3개 년도 수치를 정리해 보면, 교과성적우수자 전형에서는 국수영과가 반영되기 때문에 70% 컷에 들기는 어려워 보인다. 하위 85%에서 90% 컷 정도로 보이기 때문에 하향으로 볼 수는 없고, 적정보다도 소신에 더 가깝다.

이런 방식으로 입결을 정리하여 체크해보면, 지원하려는 대학의 전형과 학과가 적정인지, 안정인지 등을 올바르게 가늠할 수 있다. 무엇보다 바로 전년도의 입결만 확인하면 오류를 범하기 쉬우니 3개 년도의 평균과 70% 컷을 반드시 확인하자.

마지막으로 올해 입시 전형상 변화가 없는지는 작년과 올해를 나란히 기입하여 살펴보면 된다.

		2025학년도
교과 성적 우수자 [교과]	**전형 방법**	**교과 100%**
	수능 최저	(인문계열, 패션산업학과, 디자인학부) 국수영탐(1) 중 2개 등급합 7 (사범대학) (인문) 국수영탐(1) 중 2개 등급합 6 　　　　　　(자연) 국수영과(1) 중 2개 등급합 6 (수학 또는 과학 1과목 필수 반영) (자연)　　　국수영과(1) 중 2개 등급합 7 (수학 또는 과학 1과목 필수 반영) (동북아국제통상물류학부) 국수영탐(1) 중 2개 등급합 5 * 탐구영역 1과목 응시 가능
	일정	(합격자발표) 12.13(금)
	특이 사항	해당 공통/일반교과 전 과목 석차등급 + 가산점 (과목 반영 비율) 인문계열, 패션산업학과, 디자인학부 : 국30%+수 　　　　　　　　20%+영30%+사20% 　　　　　　　　자연계열 : 국20%+수30%+영30%+과20% * 가산점 : (진로선택 포함. 총점 350점 초과 못함) 　인문,자연,예체능 : Σ반영교과별 이수과목 이수단위× 0.05 　자유전공학부(인문,자연) : Σ반영교과별 이수과목 이수단위× 0.2
	지원 자격	2017(9수) 이후 고교 졸업(예정)자 (3학년 1학기까지 반영) · 지원 가능: 일반고, 자율고, 외국어고, 과학고, 국제고
	필요 서류	학생부

		2026학년도
	전형 방법	교과 100%
교과 성적 우수자 [교과]	수능 최저	인문, 자연, 디자인 : 국수영탐(1) 중 2개 등급합 7 동북아국제통상 : 국수영탐(1) 중 2개 합 6 * 탐구영역 1과목 응시 가능
	일정	(합격자발표) 12.12(금)
	특이 사항	해당 공통/일반교과 전 과목 석차등급 + 가산점 (과목 반영 비율) 인문계열, 패션산업학과, 디자인학부 : 　　　　　　국30%+수20%+영30%+사20% 　　　　　　자연계열 : 국20%+수30%+영30%+과20% * 가산점 : (진로선택 포함. 총점 350점 초과 못함) 　인문,자연,예체능 : Σ반영교과별 이수과목 이수단위× 0.05 　자유전공학부(인문,자연) : Σ반영교과별 이수과목 이수단위× 0.2
	지원 자격	2018(9수) 이후 고교(졸업)자 (3학년 1학기까지 반영) ·지원 가능: 일반고, 자율고, 외국어고, 과학고, 국제고
	필요 서류	학생부

전년도에 비해 바뀐 부분이 있으면 빨간색으로 체크한다. 이 경우 2025학년도에는 자연 계열에서 과탐 과목이 포함되어 수능 최저가 2합 7이었는데 2026학년도는 수능 최저는 동일하지만 과목이 탐구로 바뀌었다. 이러한 변화로 인해 수능 최저 충족률이 작년에 비해 높아질 수 있을 것이다.

이처럼 과목만 바뀐 경우도 있지만 수능 최저 기준 자체가 완화된 대학도 있는데, 이런 경우에는 0.04 정도도 입결이 올라갈 가능성이 있다. 그러면 70% 컷에 여유를 두고 거의 50% 컷에 가깝게 기준을 세워야 할 수 있다.

이 정도로 이미 대학에서 공개된 자료들을 모아 분석을 해보면 어느 지역에 있든 정보가 부족하다는 느낌 없이 충분히 입시에 대응할 수 있을 것이다. 최종적으로 마스터 플랜의 프로파일을 작성하면서 객관적인 진단과 대학의 기준을 판단하고 어떤 유형이 더 유리할지 체크하면서 꼭 전반적인 입시 설계를 직접 해보시길 바란다.

입시에서 무엇보다 중요한 것은 최대한 정보를 바탕으로 분석하되, 불안에 흔들리지 말고 나름대로의 기준을 세워 단단하게 나아가는 일이다. 부모와 아이가 함께 나아가는 여정인 만큼, 서로를 믿고 부족한 부분을 채워주며 힘을 보태 후회 없는 입시를 마무리할 수 있기를 진심으로 응원한다.

입시 앞에서 불안한 엄마들에게:
전략은 머리로, 믿음은 가슴으로

늦은 밤, 아이의 방 불이 꺼지고 나서야 비로소 이 책의 마지막 장을 덮으셨을 어머니들의 모습이 눈에 선합니다. 2028 입시라는 거대한 변화의 파도 앞에서, 아마도 '공부할 게 참 많다'는 막막함과 동시에 '우리 아이는 이 험난한 길을 잘해낼 수 있을까' 하는 걱정이 교차하고 계실지 모르겠습니다. 중학교부터 고등학교까지, 인생에서 가장 예민하고 중요한 시기를 지나고 있는 아이를 곁에서 지켜보는 어머니들의 마음은 늘 살얼음판 위를 걷는 듯합니다.

입시 컨설턴트로서 현장에서 수많은 가족을 만나며 제가 가장 많이 마주한 감정은 역설적이게도 '정보의 부족'이 아닌 '통제할 수 없는 불안'이었습니다. 통합형 수능, 내신 5등급제 전환, 그리고 대학별로 복잡하게 얽힌 전형들……. 이름만 들어도 숨이 가빠지는 변화들 속에서 엄마들이 느끼는 불안은 어쩌면 지극히 당연한 것입니다. 하지만 제가 오늘 이 자리를 빌려 감히 한 가지 확신을 드리고 싶은 것이 있습니다. 입시는 단순히 '누가 더 많은 정보를 가졌느냐'의 싸움이 아니라, '누가 더 아이에게 맞는 선명한 방향을 끝까지 유지하느냐'의 싸움이라는 사실입니다.

어머니, 불안함이 엄습할 때마다 이 책에서 강조했던 '객관적인 지표'와 '전략적 로드맵'을 다시금 복기해보시길 권합니다. 우리가 느끼는 막연한 공포는 대개 그 실체를 마주하는 순간 힘을 잃기 마련입니다. 우리 아이의 현재 위치가 어디인지, 목표하는 대학이 원하는 기준은 무엇인지 냉정하게 분석하고 나면, 그때부터 입시는 '두려운 괴물'이 아닌 '하나씩 해결해야 할 과제'가 됩니다. 제가 이 책에 담아낸 2028 입시의 마스터 플랜은 바로 그 과제를 해결하기 위한 가장 날카롭고 정교한 무기가 되어줄 것입니다.

하지만 전략보다 더 중요한 것이 있습니다. 바로 아이와 함께 걷는 이 길에서 어머니가 보여주시는 '평단심(平單心)'입니다. 입시는 아이와 부모가 함께 뛰는 초장거리 레이스입니다. 때로는 아이가 지쳐 멈춰 서기도 하고, 예상치 못한 성적표에 좌절하며 눈물을 보이기도 할 것입니다. 그때 아이를 다시 일으켜 세우는 힘은 정교한 입시 전략이나 고액 과외가 아니라, 바로 엄마의 흔들림 없는 믿음입니다. "엄마는 네가 이 과정을 통해 성장하고 있다는 걸 믿어. 결과가 어떻든 너는 이미 충분히 귀한 존재야." 이 투박한 진심 한마디가 아이에게는 그 어떤 입시 정보보다 강력한 엔진이 됩니다.

2028 입시라는 전례 없는 변화는 준비된 우리에게 위기가 아닌 기회입니다. 남들이 우왕좌왕하며 방향을 잃을 때, 우리는 차분히 지도를 읽고 우리 아이만의 나침반을 설정했습니다. 그러니 남은

시간 동안 너무 조급해하지 마십시오. 아이의 성장을 방해하는 가장 큰 독은 엄마의 조바심이고, 아이의 가능성을 꽃피우는 가장 큰 거름은 엄마의 여유입니다. 엄마가 흔들리면 아이는 기댈 곳을 잃지만, 엄마가 단단히 뿌리 내리고 있으면 아이는 거친 비바람 속에서도 다시 잎을 틔웁니다.

이제 잠시 책장을 덮고, 거실로 나가 아이를 한번 안아주십시오. 혹은 곤히 잠든 아이의 등을 가만히 쓸어내려 주십시오. 그리고 마음속으로 나지막이 말씀해주세요. 우리는 이미 가야 할 길을 알고 있고, 그 길을 끝까지 함께 걸어갈 충분한 준비가 되어 있다고 말입니다. 입시는 인생의 전부가 아닙니다. 하지만 그 과정은 아이가 스스로의 한계를 넘어서고, 부모와 깊은 유대감을 쌓으며 어른으로 성장하는 소중한 경험의 장이 될 것입니다. 그 위대한 여정

의 가장 든든한 파트너가 되신 모든 어머니를 진심을 다해 응원합
니다.

어머니들의 불안이 확신으로 바뀌는 그날까지, 저 또한 현장에
서 가장 차가운 전략과 가장 따뜻한 응원으로 끝까지 함께하겠습
니다. 이 책이 어머니의 불안한 밤을 밝히는 작은 등불이 되었기를
바랍니다. 끝까지 함께해주셔서 진심으로 고맙습니다.

KI신서 16113

윤여정의 2028 대입 완전 정복

1판 1쇄 인쇄 2026년 2월 20일
1판 1쇄 발행 2026년 2월 25일

지은이 윤여정
펴낸이 김영곤
펴낸곳 ㈜북이십일 21세기북스

출판부문 출판2본부장 윤서진
인생명강팀장 박강민 **인생명강팀** 이현지 권혜지
디자인 푸른나무디자인 **마케팅** 이수진 유진선 김설아
영업팀 정지은 한충희 장철용 강경남 황성진 김도연
제작팀 이영민 권경민
출판등록 2000년 5월 6일 제406-2003-061호
주소 (10881) 경기도 파주시 회동길 201(문발동)
대표전화 031-955-2100 **팩스** 031-955-2151 **이메일** book21@book21.co.kr

ⓒ 윤여정, 2026

ISBN 979-11-7357-813-7 03370

(주)북이십일 경계를 허무는 콘텐츠 리더

21세기북스 채널에서 도서 정보와 다양한 영상자료, 이벤트를 만나세요!
페이스북 facebook.com/21cbooks   포스트 post.naver.com/21c_editors
인스타그램 instagram.com/jiinpill21   홈페이지 www.book21.com
유튜브 youtube.com/book21pub